KB056286

달콤한 제국
불쾌한 진실

SWEET EMPIRE AND
UNPLEASANT TRUTH

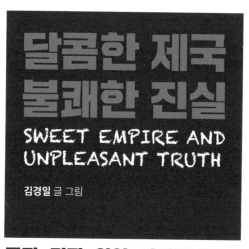

달콤한 제국
불쾌한 진실
SWEET EMPIRE AND
UNPLEASANT TRUTH

김경일 글 그림

모피, 커피, 와인, 다이아몬드…
우리가 사랑한 것들의 슬픈 이면

함께읽는책

차례

"남자와 여자가
사랑에 빠지는 한
이제 겨우 싹을 틔운
우리 제국의 미래는
탄탄하게 보장될 것이다."

– 세계 최대 다이아몬드 회사
드비어스의 창립자 세실 로즈 회장
(Cecil J. Rhodes, 1853~1902)

다이아몬드

DIAMOND

옛날, 아주 먼 옛날.

천사와 악마가 오랜 시간 싸움을 벌였지.

11

수많은 별들이 생성되고 소멸하는 동안
혈투는 계속되었단다. 그리고 결국…

싸움에서 진 악마는 아무도 모르게
자신의 새끼가 담긴 알을 내뱉었단다.

알은 거침없이 지구를 향했고

우리가 사는 아프리카 대륙 서쪽으로 떨어졌지.

갈라진 껍데기를 깨고 악마의 새끼가 나왔는데

그게 바로 다이아몬드였단다.

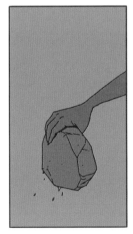

놈은 제 몸을 잘게 부수어
조각을 냈지.

각각의 조각들은 자신의 임무를 잊지 않고 사방으로 흩어졌단다.

그래서 다이아몬드는 무고한 사람들의 피를 부른단다.

악마의 조각들이기 때문에…

사람들이 전쟁을 하고 피를 흘리며 죽어 가는 건 결코 우리 민족이 싸움을 좋아해서가 아니란다.

단지 우린… 다이아몬드라는 악의 혼이 깃든 조각들에 잠시 넋이 나가 있는 것뿐이란다.

언젠가는…

싸움이 끝나고 이 땅에 반드시 평화가 찾아올 거라고 이 할아비는 믿는다.

죽기 전에 꼭 그런 날을 보고 싶구나. 여기 있다, 푸코.

와, 고맙습니다. 할아버지!

14

1991년, 서아프리카 공화국 시에라리온의 한 시골 마을.

심장이 터질 것 같이 뛰고 아무 소리도 들리지 않았다.

잠시 후면 나도 할아버지저럼 저렇게 죽는 걸까?

빨리 가!

할아버지는 내 유일한 혈육이었다.

어라?

이 늙은이 이거 담배 한 대 못 빨고 뒈진 게 억울한 표정인데?

야, 너 인심이 너무 후한 거 아냐? 킬킬…

아, 안 돼! 제발…

사, 살려 주세요! 우리는 당신들 편입니다!

발사!

살고 싶었다.
무슨 짓을 해서라도 살고 싶었다.

다 끝났나?

넵! 이자와 아이들만 빼고
이 마을 사람들은
전부 죽였습니다.

넌 오늘
억세게
운이 좋았다.

죽을래~
잘릴래?

그냥 손목만
잘리는 게 낫겠지?

예…

피스(peace)!

크악!

크흑흑흑!

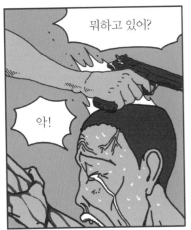

뭐하고 있어?

악!

반대쪽 손목도
마저 대야지!

!

그 순간, 푸코는 똑똑히 보았다.

알 수 없는 존재이 두 눈동자를…

놈은 기다렸다는 듯이 긴 혀로
잘린 손목을 휘감아 입 속에 넣었다.

그리고 우걱우걱 씹어 먹었다.

넌 특별히 살려 줄 테니
다른 마을로 가서
크게 외치고 다녀라.

저는 RUF의
희생자입니다.
여기를 당장
떠나세요!

아, 알겠습니다.

크아악!

아이들은 차에 실어.

예!

전부 일어서!

부패하고

죽음의 공포에 마비된 채

누구도 소리 내어 울지 않았다.

1991년 시에라리온

수십 년에 걸친 정부의 부패와 독재로
나라 경제가 파탄에 이르렀을 때

RUF*라 불리는 반군 세력이
옆 나라인 라이베리아에서
힘을 기른 후 침공하였다.
이들의 무력 도발로
시에라리온의 내전은 시작되었다.

20

*RUF: 혁명연합전선(Revolutionary United Front). 포다이 산코가 이끄는 시에라리온 반군 단체로 1991년에 결성되었다.

당시 사람들은 빈군의 침공을 똑새에 내한 서항분농,
프리타운*의 지배 계급에 맞선 농업혁명으로 여겨 반가워했으나

그것이 착각이었음을 깨닫기까지는 그리 오랜 시간이 걸리지 않았다.

21

그들의 목적은 오직 다이아몬드가 나오는 광산 지역을 점령하는 것이었다.
광산 근처에 사는 주민들은 쫓아내거나 노역을 시키기 위해 강제로 납치했고,
살인, 강간, 고문, 방화, 약탈, 손목이나 발목 등의 신체 절단, 심지어 식인(食人)도 서슴지 않았다.

＊**프리타운**: 시에라리온의 수도.

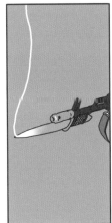

움직이면 더
고통스러울 뿐이다!

아악!

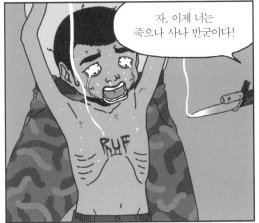
자, 이제 너는
죽으나 사나 반군이다!

흑흑...

울지 마라!

그 표식이 너를 더욱
강하게 만들어 줄 것이다!
자, 다음!

23

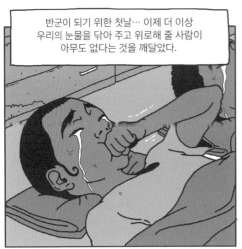

반군이 되기 위한 첫날… 이제 더 이상
우리의 눈물을 닦아 주고 위로해 줄 사람이
아무도 없다는 것을 깨달았다.

기상!

이제부터 너희들은
더 이상 어린애들이 아니다!

앞으로 6주간의 혹독한 훈련을
버텨 낸다면 위대한 우리 반군의
전사로 거듭날 것이다!

지금껏 우리는
독재 정부의 횡포로 인해
프리타운의 개로 살아왔다.

우리 반군은, 프리타운 거주자들과 외국에 있는 그들 주인이 자신들의 탐욕을 충족시키기 위해 시골을 수탈하는 행위를 더 이상 용납하지 않을 것이다.

따라서 우리의 겸손하고 단순한 구호는 바로 이것이다!

이제 더 이상 이 땅에는 노예도 없고 주인도 없다!

27번! 그따위로밖에 못 쏘겠나!

바로 우리가 그 일을 완수하는 것이다!

더 크게!

하나, 둘, 셋…

너희들은 이 나라의 부정부패를 일소하는 성스러운 사역에 동참하게 된 것을 영광으로 생각하라!

부모, 형제의 죽음에 눈물 흘리지 말고 혁명 전사로 거듭남에 감격의 눈물을 뿌려라!

RUF

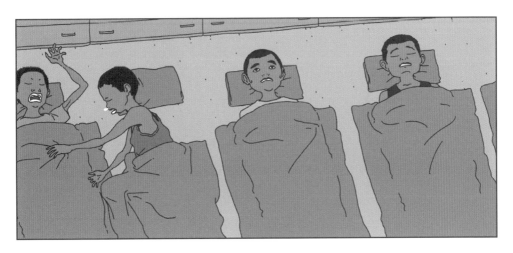

밴디, 자니?

아니, 왜?

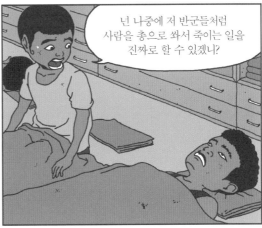

넌 나중에 저 반군들처럼
사람을 총으로 쏴서 죽이는 일을
진짜로 할 수 있겠니?

우리가 살려면
시키는 대로 해야지…

별수 있냐.

그리고 난…
이미 사람을 죽여 봤어.

?

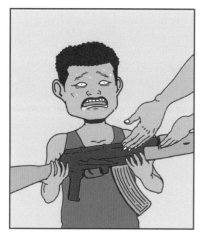

자, 여기랑 여기를 잡고 방아쇠를 당겨서 쏘는 거야!

쉽지?

너 살고 싶지? 그럼 이 아저씨가 셋 셀 동안 저 사람들을 쏴 버려!

어차피 니가 안 쏴도 죽을 사람들이야.

자아~ 하나, 둘…

셋!

으아아아!

한 명은 노점상 바나토 아저씨였고,
또 한 명은 우리 학교 교장 선생님,
또 한 명은 우리… 이모었어…

기왕 이렇게 된 거
열심히 훈련 해서
킹한 반군이 될 거야.
필요하면 사람도 막
죽일 거야.

다이아몬드도
많이 챙기고 말이야.
그래서 나중에
부자가 될 거라구.

이제는 이렇게 사는 게
제일 좋은 거야.

총 가진 놈이
최고라구!

나보다 나이도 어린 녀석이
생각지도 못한 소리를 하는군.

울고 있구나, 밴디…
얼마나 괴로웠을까.

한 알씩 집어 삼켜라.

용기를 북돋아 주는
마술 같은 약이다.

자, 드디어 고된 6주간의 훈련을 끝내고
마지막 관문이 남았다!

저자들은 부패한 정부의 관료들이다.
저자들 때문에 우리가 그동안 가난 속에서
고통 받으며 산 것이다.

마음껏 쏴라! 죽여라!
그리고 진정한 반군의
전사가 되어라!

준비됐나?

예!

31

용감하게 잘했다.
하지만 앞으로 전쟁터에선
실탄을 아껴 써야 한다.

내가 쏜 것은 분명 사람이 아니었다고,
아니, 사람이었어도 아주 나쁜 사람일 거라고
스스로 위로했다.

잘했어! 푸코.
자, 담배!

콜록
콜록…

도저히
못 쏘겠어요…

저도요…
엉엉…

우리는 마약에 취한 채
마지막 관문을 통과하지 못한
30번과 38번에게 야유를 퍼부었다.

따라와!

그리고 다시는 그들을
볼 수 없었다…

비겁자!

비겁자!

이제 더 이상 우리들은
어린애가 아니었다.

으아아!

아니, 더 이상 우리를 어린애들로 봐 주는 사람도 없었다.

사, 살려 주세요!

싫어!

우하하하…
이 원석 좀 봐!

인근 다이아몬드 광산 지역의 정부군 놈들은 꽁지가 빠지게 달아났어! 이 기세로 프리타운까지 진격하면 좋겠는데…

무기 충원을 해야겠습니다.

뭐가 문젠가.
원석이 이렇게나 많은데!

이 정도면 충분할 테니
내일 라이베리아 무기 상인한테서
부족한 물품들을 넉넉히 사 오게.

무전으로 연락 취해 놓을 테니
빈틈없이 처리해.
포로들 관리 잘하고.

네.
알겠습니다.

와~
끝내준다!

이제부터 나를
람보 주니어라고 불러 줘!

한가한 시간에 우리는 전쟁 영화를 보거나
카드놀이를 하면서 부족하지 않게 보급되는
담배, 마리화나, 브라운-브라운* 등에
어느덧 익숙해져 버렸다.

그렇게 우리는 가족에 대한 그리움과
얼마 전까지의 아이다운 일상을
기억 속에서 빠르게 지워 나갔다.

＊브라운-브라운: 화약과 코카인을 섞은 마약.

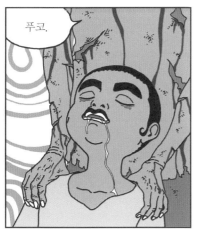

푸코.

우리 민족은 결코
싸움을 좋아하지 않아.

단지 다이아몬드에
잠깐 넋이 나간
것뿐이란다.

하, 할아버지!

그런데, 정말 그럴까,
푸코?

가슴에 손을 얹고
한번 생각해 봐.

아니지?
총으로 사람 쏴 죽이는 거…
꽤 재밌지?

헉!

헉

헉

헉

두두두두…
람보…

잘 다녀오게.

네!

인간 노새. 무기를 운반하는 포로들을 그렇게 불렀다.

라이베리아 접전지까지 갈 때는 물과 음식을 나른다. 무기를 사기 위한 다이아몬드는 반군이 가져간다.

빨리 안 걸으면 아킬레스건을 잘라 버린다!

거래는 간단하다. 다이아몬드가 든 가방을 건네주고 무기만 싣고 오면 된다.

코모도 대위에게 안부 전해 주게.

그러죠.

올 때는 다르다. 왕복 80km의 거리를 각자 최고 100kg에 달하는 쇳덩이를 짊어지고 기지로 돌아온다.

최신시 소총과 RPG 튜브를 나르는 포로는 앞에서,
탄약과 수류탄을 나르는 포로는 뒤에서 걸었다.
반란을 막기 위해서이다.

발목을 다쳤군.

전원 행군 중지!

아, 아닙니다.
걸을 수 있습…

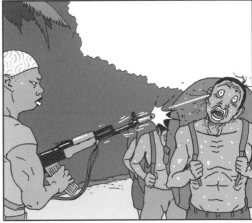

뭣들 하고 있어!
빨리 빨리 나눠 들고
다시 출발해!

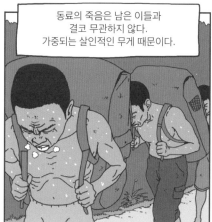

동료의 죽음은 남은 이들과
결코 무관하지 않다.
가중되는 살인적인 무게 때문이다.

컥!

카마조*다!

*카마조: 시에라리온의 내전을 구성하는 무장 그룹 중 하나. 멘데족 전사들로 이루어진 부족 민병대로 날이 넓은 칼과 창을 지니고 있으며, 고대로부터 내려오는 신비로운 전투 의식을 치른다. 전투에 임하면 적이 자기를 볼 수 없고 총알이 몸을 못 뚫을 거라 생각한다.

카마조 전사들도 처음에는 반군으로부터
자국의 평화를 지킨다는 명분으로 일어났으나
필요에 따라서는 무고한 사람들을
살해하는 일을 서슴지 않았다.

거듭 얘기하지만 원석을 삼키다가 적발되면 배를 갈라 내장까지 싹 다 파헤친다!

다이아몬드를 찾는 노역을 하는 포로들은 광산 옆에서 잠을 자다가 해가 뜰 때부터 질 때까지 쉼 없이 일을 한다.

해가 중천에 떴는데 원석 두 개밖에 안 나왔다. 굼뜨게 움직일 거야?

더 이상 견디지 못하고 쓰러지면 총탄에 목숨을 잃고 광산 근처의 얕은 무덤에서 생을 마감하는 것이다.

총알 세례를 받아야 정신 차리고 일하겠어?

아, 아닙니다.

중대장님! 카, 카마조에게 당했습니다!

뭐야?

RUF

43

제길… 어이없이 당했군. 다음부턴 경계 근무를 더욱 강화해야겠어.

중대장님!

군인이 없는 평범한 민가입니다.

좋아, 쓸어 버려! 재충전의 시간이다.

늘 하던 것처럼 마을을 초토화시키고 인질들은 수습했다. 물자와 식량도 챙겼다.

카마조에게 당하고 이대로 있을 순 없습니다.

물론이지. 우리 기지엔 원석과 무기, 장비들까지 그대로 있으니 반드시 되찾아야 한다.

44

내게 좋은 생각이 있어.

45

죽어!

다른 동료들은 몇 번의 칼질 끝에
목을 잘랐지만 나는 단 한 번의 칼질로
잘라 내었다.

48

내 칼 솜씨가 마치 사마귀가 앞발로
먹잇감을 찍는 모습과 흡사하다는
한 병사의 말에 그날 나에게는
'꼬마 사마귀'라는 별명이 생겼다.

1994년

시에라리온 북부,
동부는 반군의 지배하에
완전한 무정부 상태가 되었다.

모두 주목!

이곳에 온 지 삼 년이 지났다. 나는 16살이 되었고, 이제는 어느 누구도 무시 못 하는 어엿한 반군이다.

이제 막 6주간의 훈련을 마친 신참내기들이다.

모두들 잘 지도할 수 있도록!

옙, 걱정마십쇼!

하, 요것들 봐라. 젖비린내가 아주 진동을 하는구나!

괜히 겁주지 마, 밴디.

카악!

으악!

뭐야, 완전 겁쟁이들이잖아, 이거! 고추 확 떼먹는다!

하하!

우린 우리가 배우고 익힌 대로 열심히 후배들을 가르쳤다.

49

!

할아버지가 내게 접어 주시던
종이학.

종이학이구나.

다른 것도
접을 줄 알아요.

물고기, 개구리,
공룡, 여우, 사자도요.

그래? 대단한데.
이름이 뭐니?

돔피요.

나이는?

열한 살이요.

저 사람들은…
이렇게 비가 오는데도
계속 일을 하고 있어요.

우리 아빠도 살아 있다면,
어딘가에서 저런 일을
하고 있을지도 몰라요.

…

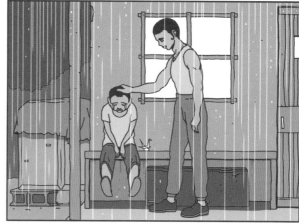

1995년, 반군에 의해 힘을 잃은 시에라리온
정부군은 다이아몬드 채굴권을 일부 양도하겠다는
조건으로 EO*로부터 전술에 능한 용병을 고용했다.

그 결과 용병은 승리하고 프리타운은 일시적인
안정을 되찾았다. 그러나 수많은 세계 지도자들과
국제 사회는 시에라리온 정부가 정부군 대신 민간
군대를 고용해 전쟁을 치른 것을 못마땅해했다.**

＊Executive Outcomes: 서아프리카의 민간 군사 기업으로 1999년에 해체되었다. 대규모의 군대를 전 세계 어느 곳이나 신속하게 보낼 수
  있었다.
＊＊IMF도 EO와의 관계를 이유로 시에라리온에 경제 원조를 보류했다.

정부군은 하는 수 없이
용병과의 계약을 취소했고

그 결과 대부분의 다이아몬드 광산 지역은
다시 반군의 손에 넘어가게 된다.

혼란과 갈등 속에 1996년 3월,
정부는 반군과 정전을 협의하고 대선을
통해 아마드 카바 대통령을 선출하였다.

평화를 위해 "손을 잡자"는 대통령의 연설 후
반군은 대통령 궁 안으로 무고한 사람들의
신체 일부를 집어 던졌고

충돌이 지속되는 가운데 1996년 11월,
카바 대통령과 반군 지도자 산코 간에
가까스로 정전 합의가 이루어졌다.

1997년 5월, 시에라리온의 수도 프리타운

헤이~
이봐요.

기가 막힌
물건이 있는데

한번 보시겠수?

됐습니다.
필요 없어요.
전 기자입니다.

거 참, 기자는 뭐 사람
아닌가? 나 그저께도 영국
기자 양반한테 2캐럿짜리
다섯 개 팔았수.

내가 당신네 나라
십분의 일 가격에
해드릴게.

시에라리온 취재 일지

그럼 3달러!

이곳은 지금 온갖 폭력, 가난, 군벌,
불행이 판치는 무주공산이다.

유엔개발계획(UNDP)에서 발표한 인간개발지수(HDI) 꼴찌,
기대 수명* 세계 최하위, 신생아 천 명당 146명의 유아
사망률**, 인구 500만 명 중 80%가 고향을 잃고 떠돌고 있다.

잦은 쿠데타와 권력 다툼으로 모든 것을
다 잃었는데도 한결같은 것은 오직
다이아몬드의 생산과 거래뿐이다.

강대국들은 이 나라를 죽음으로 몰고 간
다이아몬드를 사들이는 데는 열심이지만
정작 이런 파탄지경에 이른
상태는 무시하고 있다. 아니, 관심조차 없다.

* 1997년 기준 남자 평균 수명 43세, 여자 평균 수명 48세.
** 시에라리온의 유아 사망률은 아프리카에서 가장 높은 수치이다.

55

아, 여기서 또 만나네요.
로널드 기자!

블러디 피합시다!
반군이 시내로
몰려오고 있소!

큰일이군요!

내 차로
어서 피합시다!

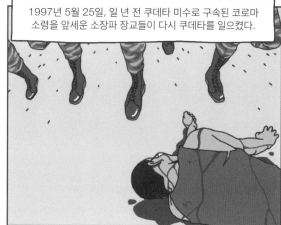

1997년 5월 25일, 일 년 전 쿠데타 미수로 구속된 코로마
소령을 앞세운 소장파 장교들이 다시 쿠데타를 일으켰다.

코로마는 쿠데타 이후 무장군사혁명위원회
(AFRC)를 구성하고 의장에 취임했다.
반군 지도자 산코와 연합한 코로마는
민주적으로 선출된 카바 대통령을
축출하고 프리타운을 장악했다.

이날 반군은 교도소 문을 열어 죄수들을
풀어 주며 그들의 손에 총을 들려 내보냈다.

같이
놀아 보자구!

좋지!

어떤 죄수는 자신에게 형을 선고한 판사,
변호사의 집을 찾아가 온 가족을 몰살했고
사람이 없으면 집에 불을 질렀다.

또 어떤 자는 상점을 약탈했다.

날러는
없냐?

반군들은 마리화나를 피워 대며
프리타운의 대통령 궁으로 진격했고

내가 이 바주카포로
저 십자가를 날린다는 데
다이아몬드 큰 거 하나 걸지.

좋아,
난 그 반대에
걸겠어!

CAP

이런, 제길!

명중!

시민들에게 공포감을 심어 주기 위해
여자 가발을 쓰는 이들도 있었다.

혼란에 빠진 정부군은 속수무책이었다.

!

컥!

고마워요,
푸코 형!

조심해!

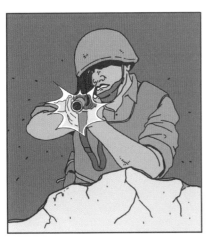

컥!

RAMBO

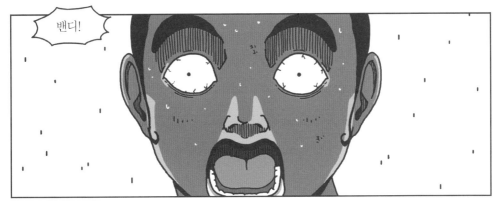

밴디!

저 자식들이…

죽어!

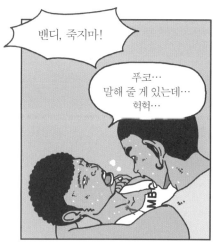

밴디, 죽지마!

푸코…
말해 줄 게 있는데…
헉헉…

그날… 반군이 시켜서
내가 죽인 사람은…
우리 엄마, 아빠였어…

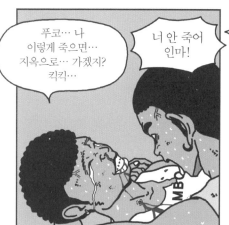

푸코… 나
이렇게 죽으면…
지옥으로… 가겠지?
킥킥…

너 안 죽어
인마!

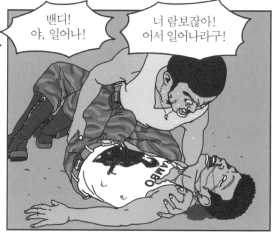

밴디!
야, 일어나!

너 람보잖아!
어서 일어나라구!

으아아아아!

다 죽여 버릴 거야!

60

61

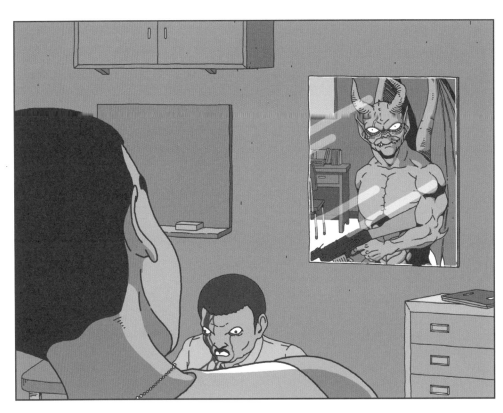

또 만났구나…
반갑다.

푸코,
이런 거 한 개만 더
잘라 주지 않으련?

…

너무 맛있어.
끝맛이야…

한 개만 더 잘라서
내 입에 넣어 주련? 응?

그리고 난
네가… 사람들을
더 많이 죽이면서

이 살육의 잔치를
실컷 즐겼으면
좋겠구나.

내 아들아…

그 후 유엔 주도의 서아프리카 평화유지군이 파병되어
프리타운을 점령한 AFRC/RUF의 연합 세력을 힘겹게 축출하고,
1998년 카바 대통령이 복권되었다.

안녕하십니까.

누구요?

우리는 어린이반전연합
현장 조사원들입니다.

얘기 들었소.
들어가시오.

지휘관의 진한 명령으로 모인 우리는
백인이 동행한 것을 보며 의아해했다.

지금부터
호명하는 자는
옆으로 나와라!

여느 때처럼 출격 명령으로
짐작했는데

너!

그게 아니었다.

너!

총은 탄창을 제거하고
안전장치를 채운 뒤
땅에 내려놓도록!

이제 이 땅에서 우리 아이들이
사지로 내몰리는 일은 없을 겁니다.
하하!

아이들은,
우리 시에라리온의 소중한
미래니까요. 하하하하!

…

제군들은 그동안
훌륭한 반군이었다!
아주 잘 싸워 줬다.

이제 이분들을 따라가야 한다.
제군들에게 공부도 시켜 주고
새 삶을 살게 해줄 것이다.

지휘관님, 그럼 저흰
여기서 버림받는 겁니까?

으흠…

그렇지 않습니다.
여러분이 원래 있어야 할 자리로
되돌려 보내는 겁니다.

잘 가라, 돔피!

돔피는 마지막까지 미련을 버리지 못한
눈으로 나와 지휘관을 번갈아 보며
마지못해 그들을 따라갔다.

손 치워요.

그래…
잘된 거야.

녀석을 떠나보내고 가라앉은 기분을
마리화나로 달래고 있을 즈음…

푸코 형!

돔피!
어떻게 된 거야?

트럭에서
뛰어 내렸어요.

헉

헉

여기 있는 어느 누구도
나를 내쫓을 순 없어요!

난 누구보다 용감한
꼬마 코만도니까!

…

흐음…
이거 참.

좋아.
꼬마 코만도 이병!

우리 부대에
재입대한 것을 환영한다!

밴디도 없는 지금
이 녀석이라도 내 곁에 있어 줘서
다행이라고 생각했다.

프리타운

후후,
질이 좋군.

지프차는
준비되어 있겠지?

주차장에 근사한
놈으로다가 뽑아 났네.
이따가 돌아갈 때
타고 가라구.

좋아. 오랜만에
진탕 마셔 보세.

자넨 시내에서 놀다가
해질녘에 여기로 오게.

감사합니다.

RUF는 내전을 즉각 중단하라!

응?

그림?

이 난리에 그림이라니…

아이들은 요즘 어떻습니까, 선생님.

처음엔 힘들기도 했지만 지금은 다들 잘 따라 주고 있습니다.

다행이군요.

비록 지금은
폐허가 되었지만

전 이 아이들에게서
희망을 봅니다.

!

저 아이들이 어른이 되어
이끌어 갈 세상은…

지금보다는 분명히
나아질 거라고 믿습니다.

기분이…
이상하다.

…드비어스*는 자신들의 제국이
피해 입는 것을
몸서리치게 싫어합니다.

드비어스… 전 세계 거의
모든 다이아몬드 광산에
손을 대고 있다 들었습니다.

*드비어스: 1888년 세실 로즈가 설립한 영국의 다이아몬드 브랜드로 다이아몬드 원석, 산업용 다이아몬드, 다이아몬드 주얼리 등을 생산·판매
하는 거대 기업.

다이아몬드의 가치를 유지하기 위해
공급량과 수요량을 신중하게 조절하면서
가격을 통제하고 있어요.

그러면서 자신들이 유통하는
분쟁 지역의 다이아몬드는
전체 생산량의 4~5%밖에 안 된다는
걸 강조하고 있습니다.

4~5%라도
그 피 묻은 다이아몬드가
당신들의 결혼반지로 얼마든지
둔갑할 수 있는 것 아닙니까?

다이아몬드는… 가공해 버리면
원산지를 알 길이 없으니까요.

!

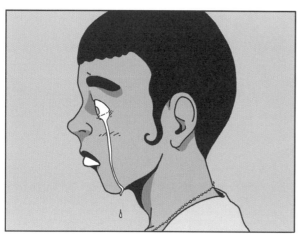

이 아이들노 사네처럼 반군 출신이거나 아니면 정부군 출신의 소년병들이었네.

처음에는 길들여지지 않은 늑대들처럼 서로 편을 갈라 칼부림을 해가며 잔혹하게 싸우고 날뛰있지.

사상자도 생겨나고… 총을 든 헌병들이 투입되어야만 겨우 진정되곤 했지.

정부군 만세!

수업 중인 나를 벌거벗겨 때리고 묶은 후, 길거리를 끌고 다니기도 했어.

아줌마, 우리 선생 물건 끝내주지?

73

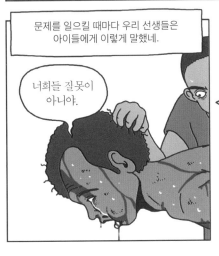

문제를 일으킬 때마다 우리 선생들은 아이들에게 이렇게 말했네.

너희들 질못이 아니야.

그럴 때마다 아이들은 더욱 불같이 화를 냈지. 한 번은 나눠 주었던 학용품을 모조리 모아 불태우더군.

다시 싸우고 싶다!

누가 마약 좀 줘!

하지만 끝까지
포기할 수 없었고
마침내 아이들도 조금씩
마음을 열어 주었다네.

수소문 끝에
가족의 품으로 돌아간
아이들도 있었고…

푸코 군.

이제 반군을 그만 두고
이곳에서 나와 함께
지내겠나?

충분히 적응할 시간을 갖고
새로운 일자리도
함께 찾아보고 말일세.

우린 그동안
다이아몬드 때문에 생긴
이 참혹한 전쟁으로 인해

소중한 것들을
너무 많이
잃어버렸네.

그 소중한 것들 중엔
자네의 어린 시절도
포함되어 있어.

아직 늦지 않았으니
이제 총을 놓고
다시 시작해 보세.

혈육도 없는 내가 민간인으로 돌아가
과연 잘 지낼 수 있을까?

푸코!

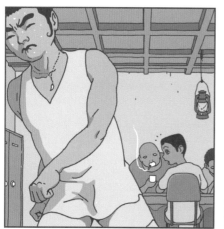

야, 돔피,
한참 끗발 오르는데
어디 가냐!

미안해요.
저 그만 할래요.

무슨…
걱정거리라도
있어요, 형?

돔피,
이 얘기는 절대 비밀인데,
지킬 수 있겠니?

예!

저기
있잖아…

너, 여기서
형하고 같이 나갈래?

청소년 재활센터라고
네가 도망치지 않았으면
원래 갈 곳이었는데…

같이 그곳에 가서
공부도 배우고
그러자.

또 너 같은 아이들은 잘하면
거기서 부모님도 찾아줄 수
있다는데 말이야.

어떠니?

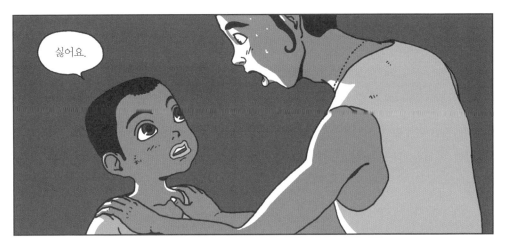

싫어요.

전 이 생활이 좋아요.
너무 익숙해졌는걸요.

미안해요,
형.

…

그리고 엄마 아빠도…
이 난리에 살아
계실 리 없어요.

사실 이젠
부모님 얼굴…
… 기억도
잘 안 나요.

그래,
알았다.

잘 있어, 돔피.
형은 오늘 밤에
떠날 거야.

형…

네가 있어 줘서
그동안 큰 힘이 되었어.
고마워.

제가 더 고마웠어요.
형이 많이 챙겨 줬는데…

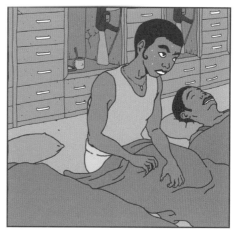

그동안 내 몸의 일부였던 낡은 총을
한 번 만져 보고 남몰래 짐을 꾸렸다.

그리고 반군 생활을 하면서 틈틈이 모아 둔
원석 20개를 가방 속에 넣었다.

카네이…
잘 있어.

돔피,
잘 지내라!

포로가
푸코의 총을 빼앗아
푸코를 쏘았다!

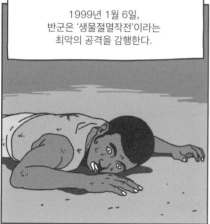

1999년 1월 6일,
반군은 '생물절멸작전'이라는
최악의 공격을 감행한다.

이른바 "살아 있는 것은 모조리 죽여 버리겠다"는
대담한 작전이었고 정부군과 서아프리카
평화유지군이 이를 막아서면서
다시 무고한 사람들이 피를 흘렸다.

그 후 미국 국무부는 RUF의 무장 해제를 조건으로 그동안의 전쟁 범죄를 사면한다는
내용이 담긴 '로메평화협정'을 추진했고, 코피 아난 유엔사무총장은
전쟁 범죄를 사면해 주는 것에 반대하는 '평화협정수정안'에 서명했다.

반군은 이에 방어 태세를 갖추어
또 다시 전쟁에 돌입하였고

여전히 다이아몬드를 채굴하여
밀반출하였다.

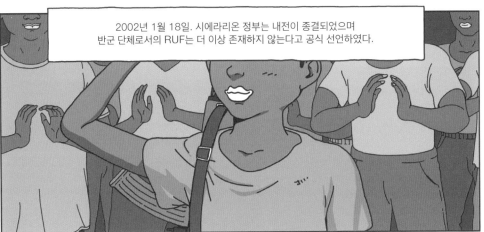

2002년 1월 18일. 시에라리온 정부는 내전이 종결되었으며
반군 단체로서의 RUF는 더 이상 존재하지 않는다고 공식 선언하였다.

그러나 지금도 여전히 무장해제를 하지 않은 곳곳에서 소규모의 분쟁이 계속되고 있고,
분쟁 지역 다이아몬드의 밀거래는 수천만 달러 규모의 사업으로 몸집을 불리고 있다.

사랑해, 로라.
나와 결혼해 줘!

어머,
너무 아름다워!

이 순간을 얼마나
기다렸는지…

받아 주는 거지?

응, 물론이야.
너무 행복해!

85

end

"아프리카의 눈물은 영원히"

"A Diamond is Forever."

드비어스가 미국에 진출하면서 내세운 슬로건, 이 문구는 광고 역사상 가장 성공적인 문구로 평가받고 있다.

사실 다이아몬드는 그 단단한 특성 때문에 제조업에 제한적으로 사용되었을 뿐, 전혀 쓸모가 없는 유백색의 탄소 결정체였다. 그런데 드비어스는 다이아몬드의 단단한 속성과 변치 않는 사랑을 연관 지었다. 그렇게 탄생한 "당신이 그녀를 천년 동안 사랑할 거란 걸 보여 주세요"라는 광고 문구. 그리고 사람들은 변치 않는 사랑이 곧 다이아몬드인 것처럼 생각하게 되었다. 다이아몬드의 값어치는 점점 치솟았고 사랑에 빠진 사람들에겐 반드시 필요한 물건이 되어 버렸다.

드비어스는 여러 나라에 진출했고, 1966년에는 일본 시장 진출에도 성공을 거둔다. 당시 일본의 예비 신부들 중 6%만이 예물로 다이아몬드 결혼반지를 받았으나 1999년에는 그 비율이 75%로 급증한다. 드비어스의 마케팅 전략은 미국을 넘어 전 세계의 커플들이 '사랑의 표현과 확인은 곧 다이아몬드'라고 생각하게 만들었다. 그러나 다이아몬드의 진실은 사랑, 평화, 헌신과는 거리가 멀다.

시에라리온, 앙골라, 콩고 민주 공화국의 반군들은 무기 구입에 필요한 자금 마련을 위해 다이아몬드를 이용했다. 다이아몬드 원석은 세금 제도와 수출 규정을 무시한 채 불법으로 판매되었다. 불법으로 거래된 원석이 여러 단계의 세척 과정을 거쳐 정상적인 다이아몬드로 둔갑하는 것은 생산국과 수출국 모두 알고 있는 사실이었다. 그러나 드비어스는 도덕적인 입장과 사업과는 별개라는 입장을 취했고, 다이아몬드의 악순환은 계속되었다. 그러나 아이들까지 전투에 이용하는 반군들의 야만적인 전술과 자금을 마련하는 끔찍한 방법들이 세상에 점차 알려지기 시작했고, 다이아몬드 관련 업계에도 비상이 걸렸다.

드비어스는 제일 먼저 시에라리온에서 거래되는 불법 다이아몬드의 본산인 코나크리(기니의 수도)의 사무실을 폐쇄하는 일에 착수했다. 그리고 갑자기 분쟁 지역의 다이아몬드를 맹비난하는 태도를 취했다. 다이아몬드의 불법 거래량은 겨우 4.5%에 불과하다는 점을 끊임없이 강조하면서. 게다가 반군과 거래하다가 들킨 다이아몬드 거래소는 업계에서 추방하겠다는 맹세까지 했다. 2000년 초 드비어스는 자기들이 판매하는 다이아몬드 원석이 정말로 깨끗하다는 안내문을 붙이기까지 했다. 그러나 이런 눈가림은 결국 비극으로 이어졌다.

9.11테러의 주범인 알카에다가 RUF의 피 묻은 다이아몬드를 구매해서 막대한 자금 축적을 한 사실이 보도된 것이다. 전 세계에서 생산되는 다이아몬드 중 약 80%를 소비하고 있는 미국은 경악했다. 다이아몬드에 대해 자신들이 만들어 놓은 아름다운 이미지가 파괴의 이미지로 고스란히 되돌아온 것이었다. 수입된 다이아몬드 중에는 분명 미국 본토에 사상 최악의 공격을 가한 테러리스트들이 돈세탁에 이용한 다이아몬드가 섞여 있을 것이었다. 미국에서는 수입되는 모든 다이아몬드가 깨끗한 채널을 거쳐 수입된 것인지 반드시 확인하는 규정 법안을 발 빠르게 제출했다. 그리고 다이아몬드의 원산지를 정확하게 밝히는 인증 제도를 폭넓게 시행하자는 방안도 나오기 시작했다. 그러던 중 아프리카 분쟁 지역들의 내란이 공식적으로 종결되었고 그에 따라 분쟁 지역의 다이아몬드 논란도 수그러들게 되었다.

2001년 초, 드비어스는 'DTC(다이아몬드 트레이닝 컴퍼니)'로 이름을 바꾸고 명품 브랜드 '루이뷔통'과 절반씩 지분을 투자해 '드비어스LV'를 설립했다. 새로 설립된 드비어스는 다이아몬드 관련 소매업체로, 기존 이미지에 더욱 고품격화된 이미지를 더했다.

당신이 다이아몬드를 구입할 때 누구도 당신이 구입하는 것이 분쟁 지역의 피 묻은 다이아몬드일 수도 있다는 사실을 말해 주지 않는다. 그러나 우리는 알아야 한다. 경로가 수상쩍다는 이유로 버림받은 다이아몬드는 이 세상에 단 한 개도 없다는 사실을. 피 묻은 다이아몬드는 혈관 속을 타고 다니는 탁한 이물질처럼 여전히 시장에서 정식 다이아몬드로 탈바꿈하여 흘러 다니고 있다.

다이아몬드의 가치는 너무 크고 운반은 너무 쉽다. 그 어떤 인증 시스템도 당신의 다이아몬드가 남아프리카의 합법적인 광산에서 나온 것인지, 반군의 입 속에서 나온 것인지 결코 알아 낼 수 없다. 공식적인 내란은 끝났다고 하지만 아프리카에 총을 든 반군이 단 한 명이라도 남아 있는 한, 피 묻은 다이아몬드는 계속 돌고 돌 것이다. 그리고 다이아몬드의 광고를 그대로 받아들이는 사람들이 있는 한, 끔찍한 피의 역사는 계속될 것이다.

커피

COFFEE

여기 강자와 약자가 있습니다.

강자는 커피를 좋아합니다. 맛있으니까요!

강자는 생각합니다.
'이거 돈 좀 되겠는데?'

강자는 약자의 땅에서 커피를 재배합니다.

똑바로
안 해?

식민지

자기 땅에서 재배하면 불편해지니까요.

많은 양의 커피를 생산하려면
넓은 땅이 필요하거든요.

식민지

앗, 그런데 세상이 바뀌었습니다.

더 이상 강자가 약자를 대놓고 착취하면
안 되는 세상이 왔습니다.

강자는 일단 물러납니다.

그러나 가만히 있을 강자가 아닙니다.
약자는 계속 약하니까요.

또한 커피는 너무나 맛있고 큰 돈벌이니까요.

강자는 약자의 땅에 사는 지배 계층을 유혹합니다.

이걸로 재래식이 아닌 '기업화된! 기계화 방식'의 커피 농사를 지어 봐. 내가 빌려 줄게.

벌목 싹~ 하고 대형 커피 농장 만들어서 화학 비료 쓰고 농약 팍팍 쳐서 대량 생산하란 말이야. 내가 다 사줄 테니.

약자는 강자가 시키는 대로 하는 게 강자처럼 되는 길이라고 믿었습니다.

그래서 수많은 나무들을 벌목하고 그 땅에 대형 커피 농장을 지었습니다.

봐, 좋~잖아!

살충제, 제초제와 수많은 화학 비료를 열심히 퍼붓습니다.

그 결과, 당연히 커피 수확량은 늘어나겠죠.

좋아, 좋아!

그러나… 농약과 화학 비료 때문에
식수는 오염되고, 자연환경이 파괴되어
철새들도 사라집니다.

나 마시면
큰일 난다~

땅 뿐만 아니라 독성 살충제는
약자의 건강까지도 파괴합니다.

게다가 생산 물량이 넘치니
커피 값은 폭락하여 생산 원가에도 못 미칩니다.

우짜꼬ㅜㅜ

선진국으로부터 사들이는
농약, 화학 비료 값도 무시무시합니다.

화학
비료

취급
주의

농약

재래식 농법으로 재배할 땐 농장 안에
대체 작물을 같이 키울 수 있어
커피 값이 하락해도 부족한 수입을
메꿀 수 있었습니다.

대 체 작 물

커   피

그러나 이제는 오염된 급수 시설을 정화하고
병든 몸을 치료하기 위해 돈이 더 필요합니다.

더 줘,
더!

빚은 늘고 약자는 더욱더 약해지고 굶주립니다.

반면, 강자는 이제 넘쳐 나는 커피 물량 덕에 싸게 커피를 구할 수 있습니다.

그리고 비싼 가격에 커피를 팔 수 있어 행복합니다.

우리는 커피가 아니라 고급 문화를 팝니다.

당신이 마시고 있는 커피 이야기는 이렇게 시작됩니다.

97

그냥 지나치네.
어디로 가려고…

여깁니다.

들어가시죠.

네.

이런 데가
있었어?

커피는 좋아하는데 공정 무역 커피에 대해서는 사실 잘 몰라요.

들어 본 적은 있는데…

아,

그럼 제가 공정 무역 커피에 대해서 조금 들려드릴까요?

네, 좋아요. 재미있을 것 같아요!

들려주세요.

대부분의 사람들은

자기가 먹는 음식이 어떤 복잡한 과정을 거쳐 자기에게 오는지 크게 관심이 없죠.

저는 늘 그런 게 궁금했어요.

내가 먹는 바나나는 열대의 나라 어디에서 자란 걸까?

그런데 만약 커피 생산자가 수고에 비해 턱없이 낮은 가격으로 팔 수밖에 없다면

거스름돈은 됐소.

더군다나 손해를 보면서 파는 경우도 생긴다면

과연 최상품의 커피를 생산할 필요가 있을까요?

커피의 품질은 바로 우리의 건강과 직결된 문제이고

인권 차원에서도 불합리한 거래는 용인되어선 안 되죠.

그러한 문제들 때문에 공정 무역 커피가 생겨난 겁니다.

음, 그렇군요.

좀 더 들려주시겠어요?

그럴까요?

그럼 본격적으로
시작해 볼까요?

아주 오래전

철통같은 보안 속에 아랍 세계만이 커피 경작을 독점했어요.

1915년 예멘에서 커피 종자를 빼돌리려다
실패한 네덜란드는 1916년 인도에서
어렵사리 커피 묘목을 구했고, 1940년
유럽 최초의 커피 판매 국가가 되었죠.

얼른
키우자!

그 뒤부터 커피의 섬세한 맛은
런던, 파리, 빈 등으로 퍼져 나갔고,
유럽 곳곳에 커피하우스 문화가 빠르게 자리 잡습니다.

예술

철학

정치

혁명

당시 중동 지역에서 들여오던 커피는
수량이 부족해 귀족, 예술가 등
상류층만이 즐기던 수준이었죠.

뭔데 저래
마셔쌌노…

그러다 18세기 초부터 유럽 국가들은
식민지 개척에 열을 올렸고,
식민지 땅에 본격적인 커피 재배를 시작했어요.

요 야만인들,
시키는 대로 해!

이때 유럽 국가들의 식민지 탄압은
두말할 필요가 없겠죠?

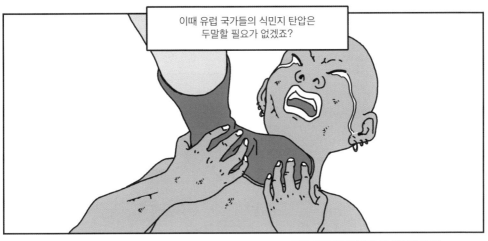

덕분에 물량이 풍부해진 커피는
빠르게 대중화되었고

몸에 좋단다!

유럽과 미국에선 차와 더불어
익숙한 음료로 자리 잡게 됩니다.

COFFEE

19세기 초반 서서히
독립 국가들이
생겨나기 시작했지만

대다수 식민지 국가들은 독립 후
오히려 커피 경작지를 더욱 늘렸답니다.

아빠, 커피 농사
지겹지도 않아요?

이제 막 자유의 몸이 되어
아무런 기술도 경쟁력도 없던 그들에게는
커피만이 유일한 생존 수단이었던 겁니다.

어쩌겠니.

그리고 식민지 지배를 거치면서
혼란한 틈을 탄 정부 또는
소수의 민간 부유층이
토지 소유권을 독점하게 되었죠.

내~ 땅!

결국 독립을 해도 크게 달라질 게
없는 구조가 되풀이되었습니다.

서양인들에게
잘 배웠지!

심지어 민간인 토지 소유자들 중에는
식민지 시절 토지 소유자였던
외국인들도 있었으니까요.

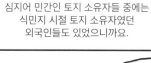

이 땅
소유주가
누굽니까?

앙드레 공작이유.
정부에 돈 좀 찔러
주니께 해방
이후에도 계속
지 땅이라데.

디군디니 전 세계적으로 커피 수요가 급격히 늘고,
산업화와 더불어 농업 기술, 운송 수단 역시 빠르게 발전했지요.

또한 선진국들은
막강한 구매력을
가지고 있었습니다.

후진국들 좀
가르치고 났더니…
후후…

그래서 훨씬 더 많은 커피를 한꺼번에 수확할 수 있는
기업형 대규모 재배 방식을 후진국들에게 권하게 됩니다.

시대가 변했는데
아직도 원시적으로
농사를 짓나.

정부 입장에선 이런 혁신적인 방법이
솔깃했지요.

불도저로
산림 싹 밀고

트랙터로
땅 싹 갈고!

은행 대출로 묶어 놓고
화학 약품(농약)에
의존하게 만들면

자칫 반정부적
성향으로 흐를 수 있는
농민들을 통제하기도
쉽겠지?

그 후, 외국에서 차관으로 들여 온 개발 자금으로 새로운 농업 기술을 전수 받습니다.

기존의 재래식 유기농 재배 농법은

농약 같은 화학 비료 대신
원두 껍질을 섞은 퇴비를 쓰고

나무 밑동에 볏짚을 묶어
병충해에 대한 예방을 하며

나무에 해가 없으면서
해충만 잡아먹는 천적 곤충을 넣어 주고

유독성 농약을 쓰지 않으니
당연히 농민의 건강에 해롭지 않고

물과 야생동물,
식물을 보호할 수 있을 뿐 아니라

그늘 재배라 하여 농장 안에 다른 작물을 같이 키울 수 있어 수익에 도움을 줍니다.

형님, 잘 잤수?

결과적으로 질 좋은 커피를 생산할 수 있어 제값에 팔 수 있는 장점도 있죠.

반면에 기계화 농법으로 생산하는 커피는 많은 양을 수확할 수는 있지만

질이 좋지 않아 박리다매 방식으로 이윤을 취할 수밖에 없습니다.

자판기 커피나 인스턴트커피가 바로 이런 거죠.

기계화 농법이 커피 재배 국가에 끼친 피해는 엄청납니다.

내규보 농상을 만들기 위해 파괴된
많은 숲들로 인해, 그냥 얻던 열매, 땔감 등을

엄마,
쓸 만한 나무가
없어!

돈을 주고 사거나
커피와 물물교환으로 얻어야 하고

엄마,
저거
먹고 싶어~

농약, 화학 비료로 식수도 오염되어
이 역시 대가를 치르고 얻어야 합니다.

또한 선진국에서 돈을 빌려 쓴 여러 나라들이
커피를 대량으로 생산하게 되자
커피 가격은 폭락했습니다.

… 더 비참한 얘기들이
얼마든지 많아요.

저, 그런데…

애기를 들고 보니 이해는 가는데… 저만해도 하루에 커피 세 잔은 마시거든요.

아무리 생산량이 많아졌다 해도 전 세계 사람들이 마시는 양이면… 수요가 충분하지 않을까요?

거기에 대한 얘기도 해드릴게요.

19세기 초 브라질은 포르투갈에서 독립한 후 전 세계 커피의 4분의 3을 생산하는 신생 커피 강대국으로 부상했죠.

이제 팔고 남은 수익은 전부 우리 것!

브라질은 1906년에 커피생산자조합(IBC)을 만들고 세계의 커피 유통 물량을 조절하는 정책을 펼쳤어요.

헉, 떨어진다! 사들여!

올라간다! 풀어!

브라질의 외화 수익은 날로 늘어났고

이를 지켜 본 다른 나라들 중
두 번째로 커피 산업에 뛰어든 나라가 콜롬비아였어요.

너도
해볼래?

예!

FNC

111

1920년대에도 커피 값은 계속 올랐고
1930년대까지 콜롬비아는
수출량이 10배나 증가했죠.

아싸라비아
콜롬비아!

FNC

브라질은 화가 났어요.

가격 떨어질 때마다
물량 사들이면서
시세 조절하고 있는데

미치겠군!

콜롬비아는 이에 아랑곳하지 않고
계속 생산 물량을 늘렸죠.

저, 저,
웬수!

COFFEE

FNC

결국 커피 값은 폭락하고,
브라질은 커피 값 안정을 위해
하는 수 없이 엄청난 양의 커피를
매입하여 폐기 처분합니다.

IBC

결국 혼자 힘으로
커피 시세를 지켜 내던 브라질은

콜롬비아에게 협정을 제안합니다.

1936년, 협정은 체결되었고 콜롬비아도 브라질의 지시에 따라
커피 가격 안정을 위해 자국의 커피를 매입하기 시작했죠.

덕분에 커피 값은
다시 오르기 시작했습니다.

신흥국들이 너도나도 뛰어들어 생산량을 늘리기 시작하자,
커피 가격 안정을 위해 콜롬비아도 브라질처럼 커피를 더 많이 사들였어요.

113

그러나 급격히 늘어난 물량은 감당이 안 되었고, 선진국의 투기 세력까지 개입하여
결국 콜롬비아의 가격 안정 정책은 실패로 돌아갔죠.

1937년, 결국 브라질과
콜롬비아의 협약은 결렬되었고

니 말 듣다
망했잖아!

이게 확!

콜롬비아와 사이가 틀어진 브라질은
엄청난 물량을 시장에 푸는 것으로
보복을 했죠.

오 마이 갓!

그러면서 커피 값은 더더욱 폭락하고,
다른 커피 생산국 모두에게
더 큰 재앙을 초래하게 되었어요.

이때 엎친 데 덮친 격으로
1939년 제2차 세계대전이 터졌습니다.

꽝

콜롬비아는 커피 소비의 40%를 차지하던 유럽의 수출 길이 전쟁으로 막히자
브라질과 함께 자구책을 강구하게 됩니다.

앞으로 이 집에
사는 분한테
잘 보여야 해!

알았어.
근데 뭔 집이
이렇게 크냐?

들어오세요.

어, 어르신…
살려 주십시오!

미국은 당시에도 전 세계 커피의 80%를 소비하던 거대한 시장이었죠.

잘 부탁드립니다!
굽신굽신~

음…
그럴까?

안 그래도 전쟁 통에
커피 수요가 늘었는데
잘됐군.

브라질과 콜롬비아는
미국 시장을 양분하여
수출할 수 있는 협약을 맺고

감사!

감사!

1940년엔 미주커피협정(IACA)이 탄생합니다.
이는 미국이 앞으로 국제 커피 시장에 적극 개입하여
영향력을 행사하겠다는 의미이기도 했죠.

안녕들하쇼~

공기 좋구먼!

유럽

종전 후, 경제 재건에 속도가 붙고 커피 소비 역시 급증하게 되자

AMERICA WIN!

커피 가격은 1950년까지 종전보다 4배 가까이 뛰어오릅니다.

재고가 바닥났어!

커피 줘!

커피 줘!

그러나 종전 후 미국은 입장을 180도 뒤바꿉니다!
세계 커피 시장에서 국가 간 협약을 적극 반대하는 입장을 취한 것이죠.

우이씨···

미국은 풍요의 나라!

앞으로 싸게 팔 것!

커피 한 잔이 단돈 5센트!

어찌됐건 커피 수요가 급증하자, 브라질과 콜롬비아는 경작지를 추가로 늘립니다.

롤루루~

이에 질세라 아프리카에 식민지를 둔 유럽 국가들도 커피 재배를 확대하게 됩니다.

이것들도 조만간 독립할 것 같으니 남은 기간 동안 살뜰히 부려 먹자!

또한 브라질, 콜롬비아와 협약이 안 된 다른 국가들도 계속해서 커피 생산을 늘렸고

야!

같이 좀 먹고 삽시다!

또 다시 자국 커피 매입에 열을 올리던 브라질, 콜롬비아는 죽을 맛이었겠죠.

결국, 1953년 이후 가격 하락세를 즐기던 미국에게 브라질과 콜롬비아는 다시 찾아가 하소연을 합니다.

어르신, 제발 커피 가격 좀 안정시켜 주세요! 엉엉…

내가 왜?

얘들아~

그런데 반전이 일어났습니다.

니들, 공산주의 안 해볼래?

미국, 소련으로 양분되는
냉전 시대가 찾아오고

후아~
저분 멋지다!

에이~
또 왜들 이러실까!

우리가
남이가?

미국은 라틴아메리카에 공산주의의 영향력이 확대되는 것을 막기 위해
커피의 시장 가격을 적정 수준으로 유지시키면서

이 집에
뭐 맛난 거 없나?

갑자기
배가 고프네.
그치?

자, 잠시만
기다리세요!

각종 혜택을 주며 1950~60년 동안
엄청난 양의 커피를 구매해 줍니다.

맛이 별로다.
그치?

그러게~

저것들을
그냥 콱!

이게 도대체
사람이 먹을
음식이야?

손님 대접이 영
글러 먹었어!

그러던 1990년, 소련 해체와
사회주의권 몰락으로

냉전 체제가 무너지면서 아쉬울 게 없어진 미국은
모든 국제 커피 협정을 파기하고
자유 시장 체제를 출범시킵니다.

요즘 원두 값
겁나게 뛰었더라.

흔해 빠진 게
커피인데 말이야.

어, 어르신…

공급이 넘쳐 나자 커피 값은
연일 최저치를 갈아 치우며 폭락하고

털썩

공황 상태에 빠진 커피 생산국들은
재고 물량 모두를 시장에 쏟아 붓게 되죠.

이런 최악의 상황에 또 다시 기름을 붓는 일이 생기는데
새로운 도전자 베트남의 본격적인 커피 시장 진출입니다.

잘해 봐~

MONEY

안 돼!

오지 마!

1999년, 베트남은 브라질에 이어
세계 2위의 커피 생산국이 됩니다.

강대국으로부터 투자를 받은 다른 나라들처럼
시작부터 기계화 방식이었고

의욕이
넘친다!

우리도 돈 좀
벌어 보자!

커피 농지를 일구기 위해
방대한 산림이 훼손되었죠.
이는 심각한 환경 파괴를 불러왔습니다.

또한 열악한 정제 시설 및
운송 수단으로 인해
베트남 커피의 품질은 최악이었어요.

MADE IN
VIETNAM

1990년대 말부터 2000년 초까지
커피 시세는 사상 최저치로 곤두박질쳤고

커피 업체들과 중개상인,
그리고 다국적 기업들은
'이때다'하고 사재기를 시작했습니다.

커피 값이 오르면
풀어야지.

그리고 커피 생산 국가들에
또 한 번의 불행이 시작됩니다.

미안!

1990년대 들어서 세계은행과 IMF 등의 국제기구들이
그동안 자본을 투입한 커피 생산국들에게
대규모 경제 구조 조정을 요구한 것이죠.

커피 시세가
너무 떨어져서…

이자가 원금에
육박하고 있소.

121

이미 갚을 능력을 상실한 나라들이
대부분이었고
오히려 더 많은 빚을 떠안게 됩니다.

빚
빚

커피 재배지 면적은
급격히 감소하고

생산 원가도
안 나오는 이딴 짓
이제 안 해!

방치된 농장에서는 나무좀과
커피 녹병이 무섭게
번지기 시작했습니다.

엄청난 빚을 갚지 못해
농지를 몰수당하거나
일자리를 잃게 된 사람이 부지기수였고

늦었어!

OUT!

과테말라 커피 재배 지역에 사는 어린이 중
70%가 영양 부족 상태에 빠졌습니다.

같은 해 니카라과 인구 중 3분의 1이
영양실조 상태였고, 이 나라 어린이
5분의 1이 성장 저하 증세를 보였죠.

또한 1990년대 초, 커피 시세 하락으로
르완다의 경제는 완전히 초토화되었습니다.

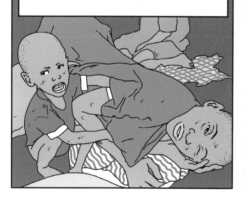

르완다는 수출 소득의 80%가 커피였거든요.
게다가 세계은행은 르완다에게
경제 구조 조정을 요구했지요.

농민들에게
돌아가는 지원금을
당장 중단하시오!

픽

1994년, 굶주리고 황폐해진 이 나라에
결국 대규모 유혈 사태가 벌어지고

무려 50만 명에 달하는 사람들이 학살되었으며
인구의 4분의 1이 난민으로 전락하게 됩니다.

같은 해 멕시코에서도
원주민 농민을 주축으로 하는
반란이 일어났고

커피 농사지으면
잘 살게 된다며!

베트남도 커피 호황기 때 대출을 받아 농장을
시작했으나 폭락 후 빚더미에 시달리다가
유혈 투쟁을 겪게 되지요.

더욱 안타까운 것은
콜롬비아에서 커피 농사를 접은 농부들이
반정부 게릴라에 가담하거나

코카인, 양귀비 같은
불법 작물을 키우게 된 것이죠.

잘돼 가고 있나?

예, 예.

위기를 돌파하기 위해 커피 생산국들은
1993년 라틴 아메리카, 아프리카 커피 생산국들로 구성된
커피생산국협회(Africa Plantations Corporations)를 신설했어요.

잘해 봅시다!

APC

회원국들은 커피 수출량을
20%씩 줄이기로 합의했죠.

수출용

그러나 조직의 덩치가 커서 결속력이 약했고

나만
손해 보는 거
아냐?

쟤를
어떻게
믿어…

이 역시 다국적 기업들의 농간으로
국가 간의 이해관계가 얽히면서

이간질~

2001년, 결국 흐지부지되고 맙니다.

다
집어치워!

A

커피 생산국들은 물량 조절을 위해 피나는 노력을 했지만

선진국들의 술수에는 당해 낼 도리가 없었죠.

커피 때문에 그런 일들이 벌어졌군요.

음…

나와 상관없는 먼 나라 일만은 아닌 것 같네요.

그렇죠.

그런데 또 궁금한 게 있어요.

언젠가부터 프랜차이즈 커피 전문점들이 많아지면서 커피 소비가 더욱 늘었잖아요.

커피 가격도
더 올랐고요.

저만 해도 회사 주변에
커피 전문점들이 많아져서
더 자주 커피를 마시는데…

커피 가격이 오르면
생산하는 농민들의 형편도
좀 나아지지 않을까요?

그 대답을
하기 전에

먼저 싼값에 커피를 매입해
큰 소득을 보게 된 미국의
커피 회사들 얘기를 해야겠네요.

126

이들은 늘어난 재정으로
다른 경쟁 커피 회사들을 인수,
합병해서 덩치를 키웠고

컴 온!

개성 있는 맛과 품질보다는
규격화된 맛과 편의성이 장점인
인스턴트커피를 내놓았죠.

바쁜 세상에

언제 커피를
내려 먹고
있습니까!

설탕 커피 커피

뜨거운 물에 커피 분말을 넣으니 뚝딱이네!
마시기 편리해~

인스턴트커피의 출현은 커피가
전 세계 사람들에게 습관성 음료로
자리 잡기 시작한 계기가 됩니다.

거대 다국적 기업들은
커피의 질을 무시하고 오직 광고와
가격 할인에만 몰두하며 경쟁했죠.

그러다 1960년대
탄산음료가 등장합니다.

비켜!

젊은이들은 짜릿하고 신선한 맛에 열광하기 시작했고,
커피는 그저 낡은 보수층의 음료로 여기기 시작합니다.

탄산음료의 폭발적인 인기가 계속되자 커피 업계는 앞다투어
가격 경쟁을 시작했고, 품질로 승부할 생각은 하지 못했죠.

여, 여기 좀…

50% SALE

1990년대까지 커피 수요가
점차 내리막을 걷고 있을 즈음…

일부 유럽 이민자 출신의 몇몇 영세 커피업자들은
어렵게 입수한 고급 커피콩으로
미국에서 조금씩 고객을 늘려 나가기 시작했어요.

COFFEE

128

그리고 1971년, 미국 시애틀에 사는
세 명의 커피 애호가들이 의기투합해
스타벅스라는 가게를 열었습니다.

역사 교사
제브 시글

커피 맛의

진수를
보여 주자!

영어 교사
제리볼드윈

작가
고든 바우커

1987년 창업자들은 스타벅스 지분을
사업가 하워드 슐츠에게 팔고
자신들은 커피 사업의 스승이자 거래처였던
알프레드 피트의 커피 사업을 인수합니다.

파이팅!

하워드 슐츠

저는 커피를 너무나
사랑합니다. 더 많은
사람들이 커피 문화를
즐겼으면 좋겠어요.

고품질과 신선함으로 차별화한
이 스페셜티 커피 회사는
소비자의 입맛을 서서히 길들이기 시작했어요.

편안하고 도시적인 카페 분위기도 한몫했죠.

빨리 먹고 빨리 일어나야했던
패스트푸드점들 사이에서
스타벅스의 이런 시도는 파격적이었죠.

의자가
딱딱해…

스타벅스는 대기업들과의 제휴와
기업 인수를 통해
거대 기업으로 군림하게 됩니다.

이 새로운 커피 맛에 매료된 사람들로 인해
매출은 폭발적으로 증가합니다.

술집은 너무
소란스러운데

여긴 음악도
잔잔하고
분위기 좋아~

커피란 게
이렇게 향이 좋고
맛있는 음료였나?

술집처럼
신분증 요구도
없어!

이제 거대 기업이 된 스타벅스는 자체적인 문화를 만들어 가면서

처음에 고집했던 고급 커피 전문점과는 조금 다른 길을 걷고 있어요.

우린 커피뿐만 아니라

우리만의 고급 문화를 팔고 있습니다.

그래서 쪼끔 비싸죠.

CD

스타벅스가 전 세계 체인 매장에 보내는 그 많은 커피를 로스팅, 블랜딩하는 곳은 고작 다섯 군데 밖에 없죠.(2014년 기준. 미국 워싱턴 및 네덜란드 1곳 포함.)

로스팅, 블랜딩을 끝낸 시점에서 되도록 빨리 소비해야 신선도가 유지되는데 고작 다섯 곳에서 전 세계로 가는 물량을 다 공급하려면 시간이 한참 걸리겠죠?

왔다!

그리고 스타벅스는 각 나라의 지역 상권으로 파고들기 위해 막강한 자본력을 앞세워 세계 커피 시장을 잠식해 갑니다.

김 사장, 가게 좀 빼줘야겠어.

사회 공헌 활동 좀 해주고 이미지 관리 하면 돼~

COFFEE

뒤늦게 기존의 내형 커피 업체늘 또한 커피의 고급화를 선언하면서
새로운 제품들을 출시했으나

헤헤,
우리도 이번에
고급 커피
출시했습니당~

이미 길들여진 사람들의 입맛은 쉽게 바뀌지 않아
고전을 면치 못하기도 했죠.

아무튼 1990년대에 들어서 저렴한 제품보다
품질을 따지는 소비자가 늘면서
새로운 커피 붐이 일어나기 시작했어요.

하지만 여전히 소수의 브랜드 커피만이
비싸게 거래되고 있고, 기계화로 대량 생산되는
대부분의 커피는 싼 가격에 거래되고 있어요.

대부분의 커피 생산자들이
질 낮은 커피를 생산하고 있으니
그들의 수입도 늘 변변찮죠.

그렇다면 커피 생산자들이 모두 고급 커피를 생산하면 되겠네요?

결과적으로 그렇죠. 질 좋은 커피를 생산하고 그에 맞는 공정한 시세로 커피를 매입하자는 게 바로 공정 무역 커피의 취지거든요.

1990년대 초부터 작지만 새롭고 강력한 변화가 일어나기 시작합니다.

소비자의 힘으로 사회를 변화시킬 수 있다는 인식이 그것이죠.

기업이 비도덕적으로 제품을 생산해도 아무런 비판없이 소비만 해주는 사람이 되지 말아요...

고객이 목소리를 내어야만 품질이 나아지고 기업이 변합니다... 당신들이.. 주인공입니다...

각종 매체의 발달로 거대 기업에 착취당하는 전 세계 노동자들의 모습과 불합리한 소비가 야기한 전쟁, 기아 등의 실태가 알려지면서

사람들은 이 모든 것들이 자신의 소비 행태와 결코 무관하지 않음을 깨닫게 됩니다.

또한 화학비료나 농약을 쓰지 않은 자연 식품이 건강식품이라는 인식도 자리를 잡았죠.

그리고 그런 제품을 생산하는 일이 까다로운 만큼

베리 굿!

생산자에게 합당한 이윤이 돌아가야 한다는 데에까지 생각이 미친 거고요.

그 후, 소비자 운동을 통해 기업들은 차츰 변화되어 왔고

이런 악당 같으니!

커피 업계의 강자, 스타벅스도 예외가 될 순 없었죠.

그러나 사회 기부 활동도 적당히 하고 있는 데다 직원 복지 정책도 비교적 잘 되어 있던 스타벅스로서는 크게 신경 쓰지 않다가

커피 농민들은 스타벅스 가족이 아닌 거냐?

1999년, 인권 단체 '글로벌 익스체인지'가 스타벅스에게 공정 무역 인증 커피를 판매할 것을 요구하는 전국 규모 캠페인을 벌이고

2000년 2월, 과테말라 커피 농장에서 자행되는 어린이 노동력 착취와 비인간적 저임금 실태를 고발하는 뉴스가 방송된 후

시민들은 경악했죠.

글로벌 익스체인지는 샌프란시스코에서 또다시 대규모 항의 시위를 벌입니다.

또한 그들은…

나도 주주요.
한 주 가지고 있소!

스타벅스
주주총회

주식수
1

주주총회에서 그간의 번영을 자축하는 분위기에
찬물을 끼얹기도 했습니다.

스타벅스는
각성하시오!

니네 커피
납품하는
굶주린
과테말라
농민들

스타벅스
그렇게
안 봤는데…

135

이쯤 되니 기업의 이미지를
생각 안 할 수 없었죠.

항복!

2000년 4월, 스타벅스는 결국 모든 매장에서
공정 무역 인증을 받은 '페어트레이드 블렌드' 제품을
팔겠다는 계획을 발표합니다.

우리는 영세 커피
농민들의 고충을
외면하지 않습니다!

같은 해

나도 왔소!

뉘신지?

이번엔 유기농 제품 소비자 연합이
공세를 퍼붓습니다.

서약하시오!

1. 반드시 유기농 우유를
   사용할 것!
2. 공정무역 인증 커피
   판매를 늘릴 것!
3. 유전자변형
   커피 사용은
   금할 것!

이처럼 윤리적 소비 의식을 가진 소비자들이 적극적인 활동을 펼친 덕분에
점차 많은 기업들이 공정 무역 인증 커피를 쓰고 있어요.

그렇군요.

소비자들의 적극적인 활동이
없었다면 이런 변화가
쉽진 않았겠죠?

물론 아직까지 기업들의 참여도는 미흡한 부분이 많아요.

사장님, 우리도 공정 무역 커피 조금 섞었습니다!

아주 조금이지?

가령 공정 무역 제품 한두 개를 받매한 뒤 이를 내세워 뻔뻔하게 기업 홍보에만 열을 올리는 커피 업체들도 많답니다.

커피 농민들의 아픔은 저희 회사의 아픔입니다!

스타벅스 역시 처음엔 전체 커피 매입량의 1.2% 정도부터 출발했죠. 지금은 5%에 가까운 물량을 공정 무역 커피로 쓰고 있다고 하지만

전체 커피에 블렌딩되어 들어가 있는 것이 아니라 에스티마 블렌드라는 포장된(내려 마시는) 품목으로만 따로 판매하고 있죠.(2010년 기준.)

House Blend

Café Estima Blend

테이크아웃으로는 '공정 무역의 날' 같은 연중 특별한 행사 때만 일주일 정도 '오늘의 커피'로 판매하고 있는 정도예요.

물론 덩치가 큰 스타벅스에게 5%라는 비중은 다른 어떤 기업보다 월등히 많은 양이긴 하지만,

등 떠밀리듯 시작해 놓고 떠들썩하게 홍보하는 것에 비해 너무나 적은 양이 아닐까요?

들어가!

공정무역

규모는 작지만 100% 공정 무역 인증 커피만 쓰는 중소 커피 업체들도 많답니다.

말씀을 듣고 보니

만약 커피 생산자들이 그 비옥한 땅에서 커피 말고 원래 키우던 작물을 키우면서 살았더라면

굶어 죽거나 전쟁이 나거나 하는 일은 없었을 것 같네요.

맞습니다!

물론 농가에서 공정 무역 커피를
재배하려면 규제도 까다롭고
손도 더 많이 가지만

안정적인 수익을 얻이 건강한 삶을
영위할 수 있고, 아이들도 농장이 아닌
학교로 돌아갈 수 있게 되겠죠.

음…

아직 멀었지만, 선진국들도 점차
이러한 사실을 깨닫고 있습니다.
과거 몇 백 년에 걸쳐 후진국을
착취해서 얻은 커피로는

우리 몸에 유익한
커피를 얻기는커녕

지구를 파괴하고 생산자, 소비자 모두에게
해가 되는 결과만 초래한다는 것을요.

우리는… 사람들이 커피를 얼마에 사 마시는지 잘 몰라요.

그런 걸 궁금해 해본 적도 없어요. 단지…

커피를 마시는 사람들이 행복했으면 좋겠어요.

커피 농사를 지으면서 바라는 거요?

그저 배고프지 않았으면 해요.

141

end

와인

WINE

와인을 만들던 어느 마을에…

145

한 피리 부는 사나이가
나타났다고 칩시다.

그 피리 소리는 너무나 황홀해서
듣는 이들의 마음을 완전히 사로잡았다오.

마을 사람들은
향기로운 소리에 하던 일을 멈추고
그 사나이를 따라갔지.

그 피리 소리의 정체는
바로 와인의 세계화였고

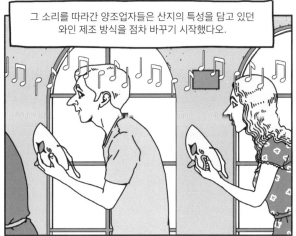

그 소리를 따라간 양조업자들은 산지의 특성을 담고 있던
와인 제조 방식을 점차 바꾸기 시작했다오.

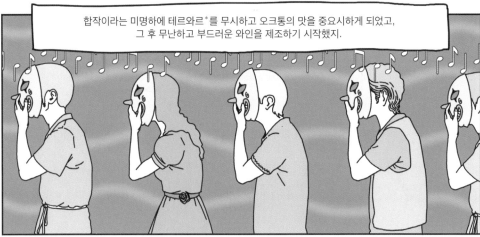

합작이라는 미명하에 테르와르*를 무시하고 오크통의 맛을 중요시하게 되었고,
그 후 무난하고 부드러운 와인을 제조하기 시작했지.

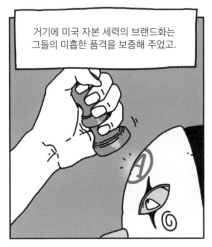

거기에 미국 자본 세력의 브랜드화는
그들의 미흡한 품격을 보증해 주었고.

피리 부는 사나이를 따라가게 된 양조업자들은
전보다 더 큰 부를 누리게 되어 잠시 행복했으나

146

*테르와르(terroir): 프랑스어로 토지, 산지라는 뜻. 특히 포도주용 포도 산지를 일컫는다. 포도밭에서의 다양한 영향 요소들의 상호작용, 토질,
토양, 강수량, 일조량 등이 테르와르의 구성 요소이다.

이내 공허해지는 미음에
어쩔 줄을 몰랐지.

왜냐하면 그들은 양조업자니까.
비슷한 맛이 나는 조작된 느낌의 와인 제조는
자신의 영혼을 팔아먹는 짓이란 걸
뒤늦게나미 깨달은 게지.

한데 그 소리를 따라가지 않은 양조업자들도
불행해지기는 마찬가지였다오.

자신의 와인보다 품질이 떨어지는 와인이
피리 부는 사나이의 점수에 따라 고평가되었지.
그것을 지켜보는 건 결코 유쾌한 일이 아니었다오.

아시다시피 높은 점수는 바로
높은 가격으로 이어지니…

148

프랑스의 수많은 와인 생산지들과 합작을 하고 있죠?

그렇소. 신대륙 와인들과도 합작을 많이 하고 있다지.

와인은…
그 지역 특성을 대변하는 문화라오.
요즘은 뭐든 상표를 내세우지.
몬다비도 상표에 주력하지만
여기선 생산지가 표기된
AOC*가 더 중요하다오.

100년이란 세월이 지나도
와인에 새겨진 AOC는 변함이 없지.

그러나 상표는
언제 어떻게 사라질지
아무도 모른다오.

149

상표 문화라는 것이,
요즘같이 바쁜 사람들에겐
믿고 구입할 수 있는
신용 정보겠지만…

와인이 상품으로 변신하는 순간
그건 와인을 마시는 게 아니라
기업이 찍어 내는
상품을 먹는 셈이시.

와인은
코카콜라가
아니잖소?

＊AOC: Appellation d'Origine Controlee의 약자. 포도 재배지의 위치와 명칭을 관리하는 제도로, 포도밭의 면적에 따라 포도 생산량을 규제하고, 알코올의 함량을 준수한 잘 익은 포도로 만든 와인을 가리킨다.

한 가지 더 여쭙겠습니다.

로버트 파커에 대해 아시죠?

그렇소만.

이 마을 와인에 대해서는 그리 후한 점수를 주고 있지 않네요. 어떻게 생각하시는지…

한 나라가 힘을 가지게 되면 자기네 문화를 강요하고 또 자기들의 입맛이 모든 음식 문화의 보편적 잣대가 되길 바라지 않겠소.

옛날 로마가 골족을 삼킬 때도 다르지 않았지.

150

미국인인 로버트 파커가 자국의 이익을 대변해 주는 건 어찌 보면 당연한 일 아니겠소.

파커와 미셸 롤랑의 결합으로 미국 와인이 세계화되면서 잘 정제되고 오크 맛이 나는 와인이 대접받고 있다오.

캘리포I |아 와인이 마케팅 능력은 탁월하다오. 그들은 부실한 테르와르를 오크 향으로 포장해 버렸지.

우리는 뉴~ 하이 퀄리티~ 오크통만을 사용합니다!

오퍼스원

도미누스

그럼 어르신께선 오크통에서 밴 바닐라 향에 대해 부정적이신가요?

꼭 그렇진 않소. 오크통에서 밴 바닐랑 향은 누구나가 다 좋아하니까.

하지만 우리 프랑스인은 농담처럼 와인에 화장을 입힌다고들 말한다오.

캘리포니아 와인은 작열하는 태양 아래 좋은 대지에서 자란 우등생 같다고나 할까?

건강미 넘치는 전형적인 미인이 생각난다오.

반면 보르도 와인은 거친 자연 환경에서 자수성가한 여인이 떠오르지.

척박한 땅에 뿌리를 최대한 뻗어 양분과 미네랄을 빨아들인 치열한 흔적이 맛에 반영되어 있다오.

전형적인 미인은
처음엔 가시적인 아름다움에 끌려도
그 매력이 지속적이진 못 하지.

반면 자수성가형의 여자는
매력을 쉽게 드러내지 않지만

매력이란 게 원래 은근히 감추었다가 조금씩 발산될 때
그 끝 모르는 깊이와 품격에 더없이 끌리게 되는 법이라오.

보르도 와인이 바로 그렇지.

내가 생각하는 좋은 와인이란
각 산지의 특성을 잘 반영하는
와인이라오. 거칠면 거친 대로
말이지. 헌데 오크 향 때문에…

다양성이 무시되고
산지와 무관하게 너도나도
무난한 와인이 되어 가고
있으니…

안타깝구려.

강한 오크 향을 가진 와인이
파커에게 좋은 점수를 받는 것과
무관하지 않다는 말씀이죠?

그렇소.

파커에게 좋은 점수를 받으면
와인 값이 치솟는데

누군들 그의 눈에 들 만한
와인을 만들고 싶지 않겠소.

하지만 나는 평생을
포도 알만 만졌던 사람이라
그런지

지금처럼 사는 게
돈을 따라 사는 것보다
더 좋다오.

빵

빵-

저치들이 왜 또 마을에 나타났누…

아시는 분들입니까?

미셸 롤랑의 직원들이오.

와인 생산지들을 다니면서 컨설팅을 제의하지.

미셸 롤랑은 컨설팅 비용을 받고
와인 맛을 무난하게 조절해 주고

퉤엣!

산소 기포를
좀 더 주입하시오.

예.

롤랑이 손 댄 와인을
로버트 파커가 평가하게 되면
여지없이 점수가 올라간다오.

그래서 많은 양조업자들이
유혹을 뿌리치기 힘든 게지…
하지만 와인은,

155

생산자가 누군지보다
어떤 땅에서 만들어졌는지가
훨씬 더 중요하다오.

겸허한 마음으로
토양, 시간, 기후에 순응해야
대지의 신이 좋은 와인을
선물하시지.

인간이 아무리
양조 기술로 재주를 부려도
본질은 바뀌지 않는다오.

자, 우리 집에 다 왔소. 좀 더 구경하다 가시겠소, 기자 양반?

네, 실례가 안 된다면 사진을 좀 더 찍고 싶습니다.

멀리서 오셨는데 마땅히 드릴 건 없고…

내가 만든 와인이오. 빈티지도 괜찮소.

이렇게 귀한 걸… 감사합니다!

대학 다닐 때 나는 미팅이나 소개팅을 유난히 좋아했다.

물론 호감 가는 이성을
만날 확률은 매우 낮았지만…

그래선지 다른 친구들은 나만큼
무조건적으로 좋아하진 않았던 것 같다.

야, 이번엔 진짜
괜찮은 애가 있는데…

됐어, 인마!
넌 여자 보는 눈이
영 글렀어.

하지만 난 달랐다.
모르는 누군가를 새롭게 알아간다는 게
즐거웠다. 실망은 그다음 문제였다.

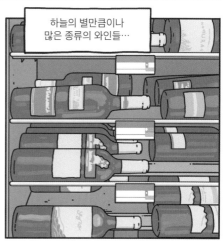

하늘의 별만큼이나
많은 종류의 와인들…

와인도 내겐 마찬가지다.
새로운 와인을 만날 때마다
늘 가슴이 두근거린다.

아무리 저렴한 이름 없는
와인이라도 그 하나하나에는
무시 못 할 분명한 자신만의
역사가 담겨 있기 마련이다.

그러나 소수가 내세우는
모범 답안 같은 맛 평가로 인해

점차 와인마다의 고유한 색깔이
희미해지는 것은 분명 안타까운 일이다.

!

예, 일은
다 처리했습니다.

아, 미셸 롤랑의
직원들…

예, 알겠습니다.
그럼.

저, 실례하겠습니다.

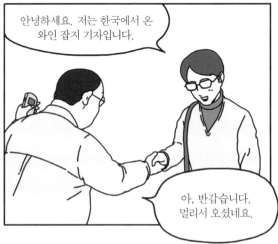

안녕하세요. 저는 한국에서 온
와인 잡지 기자입니다.

아, 반갑습니다.
멀리서 오셨네요.

한국이라면 아시아의 스포츠 강국 아닙니까! 올림픽이나 월드컵에서 매번 놀라운 실력을 보여 주는…

와인 소비량도 점차 늘고 있다고 들었습니다.

예, 그렇습니다.

미셸 롤랑 팀에서 일하시는 분들이라고 들었는데,

실례가 안 된다면 간단한 취재에 응해 주실 수 있을까요?

예스~ 와인에 관해서라면 얼마든지 환영입니다.

감사합니다.

미셸 롤랑은 현재 전 세계 100여 개의 와인 농장을 컨설팅하고 있고, 12개국에서 그의 이니셜이 들어간 와인이 출시될 정도로 업계에서 비중 있는 인물인데요,

와인 제조에도 개성이란 게 있지 않습니까? 개인 취향은 일반화시킬 수 없는 거니까요.

보편적 호감도를 높인다는 게 꼭 필요한 일인지 궁금합니다.

물론 와인 제조에도 자기만의 개성이란 게 있죠. 저 역시 제가 좋아하는 맛이 있고 그런 와인을 찾아 자주 즐깁니다.

허나 고급 와인과 그렇지 않은 와인의 구분은 반드시 필요합니다.

미셸 롤랑은 병든 와인을 치료해 주는 의사와 같다고나 할까요?

이제 와인 문화는 점차 전 세계로 뻗어나가고 있습니다.

당연히 세계인의 입맛에 맞게 거듭나야겠죠? 거기에 바로 현대적 양조 기술이 필요한 겁니다.

실제로 많은 지역의 와인이
롤랑에게 컨설팅을 받은 후
평론가들에게 좋은 평가를
받고 있죠.

결과가 모든 것을
말해 줍니다.

시간 내주셔서
감사합니다.

아, 참!

내일 파리에서 미셀 롤랑의
와인 컨설팅에 관한
강연회가 있습니다.

여기 팸플릿이 있으니
시간 괜찮으시면 참석하시죠.

네, 감사합니다.

와인 컨설턴트…

저들에 의해 수많은
와인이 '마시기 좋게'
조율되어 나온다.

'마시기 좋게'라는
기준이란 과연
타당한 것인가?

여기 와인 싫어하는 사람
있습니까?

미셀콜랑의 와인 초청 강연

만일 있다면,
어서 밖으로 나가 주세요!

미셀 롤랑

와 하 하

하 하 하

162

그렇습니다. 와인은 이제 유럽,
미국뿐만이 아니라
전 세계인의 사랑을 받고 있습니다.

때문에 와인 생산국들은
더욱 적극적으로 체계화된 와인 산업
육성에 힘쓸 때입니다.

자, 그런데 포도로 술을 담그면 모두 와인입니까?

여기저기에 넘쳐나는 저질 와인들이 소비자들의 입맛을 현혹시키고 있습니다.

전통만 믿고 옛날 방식을 고수하는 낡은 와인들이 먼지 속에 숱하게 쌓여 있습니다.

미셸롤랑 와인 초청

여러분, 착각하지 마세요. 좋은 와인은 그냥 만들어지는게 아닙니다. "오직 롤랑에게 맡겨라!" 이 원칙에 따르세요!

말솜씨도 좋고 유머 감각도 뛰어난 사람이네.

짝 짝

!

로버트 파커다!

실례합니다.

저는 한국에서 온 와인 잡지 기자입니다!

164

반갑소. 내 양녀도 코리안이지. 한국엔 몇 번인가 가 보았소.

그렇다고 들었습니다.

한 가지 여쭙고 싶은 게 있습니다.

와인에 대한 파커 씨의 평가 기준에 대해 부정적인 의견을 가진 사람들에게 한 말씀 해주시겠습니까?

내 점수가 와인의 가격과 명성에 영향을 끼치는 건 사실입니다.

그러나 그 점수는 오직 생산자의 능력에 따라 결정되는 것이죠.

와인 산업의 성장을 위해 꼭 필요한 민주적 평가 방식이란 뜻입니다.

165

좀 더 솔직하게 얘기해 볼까요?

내가 자부심을 느끼는 것은 엘리트적인 유럽 와인에 솔직한 미국식 관점을 도입했단 겁니다.

특히 프랑스에는 가문 대대로 물려받은 포도밭 역사가 있죠.

그런데 웬 미국인이 자기들 와인을 시들하게 보고 전통도 없는 와인을 치켜세운단 말이죠.

물론 나는 정당한 기준으로
평가를 내리는 거지만 그들 입장에서는
속상할 수 있을 겁니다.

분명한 것은 마치 인도의 카스트 제도처럼
서열화 되어 있던 와인이라는 성역에
새로운 바람을 일으켰다는 점입니다.
이건 혁명과도 같아요.

그리고

좋지 않은 점수를 받은 와인은
문제점을 되돌아보게 될 겁니다.
뭔가 달라져야 하지 않을까
고민하게 되는 거죠.

모든 분야의 발전이
그런 계기로 시작되는 게
아닐까요?

시간 내주셔서
감사합니다.

천만에요.

프랑스 와인 담당국

파커는 아는지 모르겠지만

와인 담당 서기관

그의 입맛에 맞게 와인을 조작하는 와인 사기꾼들이 갈수록 늘고 있습니다.

파커의 와인 가이드에 이름을 올리기 위해서죠.

색도 진하게 만들고 때론 파커에게 보여 주는 와인을 따로 만들기도 합니다.

이젠 와인 양조학교도
파커의 영향을 받아서
불법적인 양조 방법을 가르칩니다.
심각한 일이죠.

가령 부르고뉴 와인은
원래 색이 연한 게 특징인데
파커 맘에 들게 하려고
일부러 색을 진하게 하고 있어요.

실제로 그렇게 조율을 해서
점수가 상향 조정된 와인도
상당수 있습니다.

서양에서 와인은
우리나라로 치면 국물이다.

와인을 술로 생각하는 우리나라와는 달리
서양에서 와인은 식사에 곁들이는 음식이다.

와인을 많이 생산하는 나라들의 땅은 석회질이 많고 토양 구조가 나쁘기 때문에 물이 좋지 않다. 그래서 오래전부터 와인을 물 대신 많이 마셨다.

따라서 와인의 가격이 저렴하다. 물보다 싼 와인도 수두룩하다.

어떤 걸로 줄까?

요거!

169

보졸레 누보

해마다 11월 셋째 주 목요일, 전 세계에 숙성 없이 그대로 병입하여 출하되는 와인이다.

이벤트성이 강하다.

프랑스 현지에서 보졸레 누보는 다양한 가격이 형성되어 있지만

한국의 레스토랑에선 11월에 맛보려면 보통 4~6만원 선이다.

프랑스에서는 3유로 정도이니
우리 돈으로 환산하면
대략 3~4천원 정도?

€3

₩3~4000

하지만 소비자들은 11월만 되면 쏟아지는 무분별한
언론 기사와 일부 수입 업체의 상술에 넘어가
이 소박한 와인에 지나치게 비싼 값을 치른다.

연인과 함께 마셔요

사랑의 오묘

그리고 이 11월 보졸레 누보 열풍 또한 다른
유행들과 마찬가지로 일본에서 시작되었다는 사실.

보졸레 누보노
맛있다데스!

보졸레 누보는 그저 적당한 가격에
제철 맛보기로 두어 병 마시면 좋을 술이다.

출장은 잘 다녀왔나?

네.

마침 안동의 전통주 만드는 명인한테서 취재에 응하겠다는 연락이 왔거든.

프랑스 와인 취재 기사랑 잘 엮어서 특집 기사 한번 꾸며 봐.

네, 알겠습니다.

술은 인간의 역사와 함께 발전해 왔고

어떤 민족이든 기후와 풍토에 맞는
독특한 양조 방법으로 만들어진
전통주가 있어요.

명인 제 ○호
○○○ 씨

한국의 전통술은 곡주가 기본입니다.
우리 민족은 온갖 정성을 들여
이제껏 많은 명주를 만들어 왔습니다.

그동안 많은 심의를 거쳐서 1995년에 37종이 민속주로 선정되었죠.

그중에서도 대표적인 시, 도별 민속주를 살펴보면, 서울 삼해주, 부산 금정산성 토산주,
인천 칠선주, 경기 문배주와 부의주, 강원 율무주와 감자술, 충북 대추술, 충남 두견주,
전북 이강주, 전남 사삼주, 경북 안동소주와 경주법주, 경남 유자주와 국화주 등이 있습니다.

부친의 대를 이어서 안동소주의 명인이 되기까지 쉽지 않으셨을 것 같은데요.

80~90년대에 산업화가 진행되면서 소주, 맥주가 대량으로 공급, 유통되기 시작했습니다. 그땐 전통주라는 개념조차 없던 시절이있죠.

173

당연히 먹고살기도 힘들었어요.

하지만 늘 내 일이거니 생각하면서 최선을 다했습니다.

요즘에는 전통주에 대한 인식이 많이 좋아지지 않았습니까?

아직 주류 시장에서 전통주의 입지는 좁은 편입니다.

많은 분들이 명절이나 특별한 날 귀한 분들께 드리는 선물 용도로만 생각하시죠.

우리가 흔히 한국의 술이라고 하면
전통주를 말하는데

전통주라는 것은 과거에 만들어진
구닥다리 술이 아니라 앞으로도 우리가
계승하고 발전시켜야 할 문화입니다.

솔직히 술의 질이라면
자신 있지만

판로 확보가 어려워
미래를 낙관할 수
없는 상황입니다.

174

대형 할인점에 입점하거나
대량으로 수출하는 일도 어렵고,
인터넷 판매도 어려운 실정이죠.

판매가 활성화되지 않으면
전통주는 살아남기가 힘듭니다.

시장에서 당당히
겨뤄 볼 수 있는 기반이라도
마련된다면 좋으련만…

한 잔 드서 보시겠습니까?

아, 네!

175

20년 전
주류 제조 면허를
받았을 즈음
빚은 술입니다.

와~
20년 전!

꿀꺽!

목을 타고 넘어가는 느낌이
부드러웠다.

약 3초 정도 뜸을 들인 뒤
목이 아닌 배 속에서 깊은 맛이
서서히 올라왔다.

언젠가 오래전에 맛보았던 것
같은 친근한 맛이…

굉장히 순하고 부드럽군요.

맛이 깊고 그윽해서 오래 음미하게 되네요.

45도짜리 술입니다.

네? 이렇게 순하고 부드러운 술이 45도?

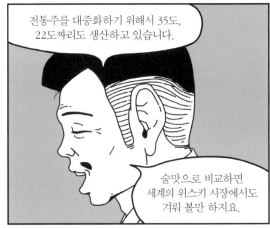

전통주를 대중화하기 위해서 35도, 22도짜리도 생산하고 있습니다.

술맛으로 비교하면 세계의 위스키 시장에서도 겨뤄 볼만 하지요.

제가 기자 양반께 뭐 하나 여쭤 봐도 되겠습니까?

기자 양반께서는 가장 한국적인 정서란 무엇이라고 생각하십니까?

음… 글쎄요.

좀 추상적이긴 하지만…
한(恨) 아닐까요?

한이라…

아마도 한이라는 정서는
가장 한국적인 것이라기보다는

177

과거부터 지금까지 이 나라의
서민을 상징하는 정서가 아닐까
생각합니다.

아…

전통주야말로 한국을 대표하는
정서 중 하나지요.

예로부터 농부들은 막걸리 한 사발에
심신의 피로를 풀었고

또 양반은 양반대로
술을 곁들여 음풍농월을
즐겼습니다.

우리의 희로애락 곁에
늘 이 전통주가 따라다녔던 겁니다.

이 땅에서 나는 쌀과

이 땅 깊은 곳에서 끌어올린 암반수로 빚은 우리 술.

제게는 우리 땅에서 나는 재료들로 우리의 것을 잃지 않고 그 명맥을 유지한다는 자부심이 있습니다.

아, 테르와르!

좋은 와인이란… 각 산지의 특성을 잘 반영하는 것이라오.

언젠가 내가 죽어도 이 안동소주는 또 다른 명인의 손에서 계속 만들어질 겁니다.

우리 민족이 사라지지 않는 한.

더 많은 사람들이 관심을 가질 수 있도록 노력해야겠지요.

그렇군요. 좋은 말씀 잘 들었습니다.

아, 참!

프랑스에서 만난 양조업자 분께 받은 숙성된 와인입니다.

선물로 드리고 싶습니다.

이 귀한 것을… 고맙소.

아, 제가 마개를 따서 따라 드리죠.

어떠신가요?

좋구려.

자연의 섭리를 이해하고
사랑하는 장인의 손길이
깊은 맛에서 느껴집니다.

기자 생활을 하다 보면

썩 내키지 않는 술자리가
간혹 있다. 지금처럼.

181

디캔팅.

와인의 잠재된 맛을
끌어낼 수 있는 작업이
바로 이 디캔팅이다.

그러나 디캔팅을 통해
월등히 맛이 좋아지는 와인은
사실 제한적이다.

더군다나 저런 장기 숙성이 아닌
부르고뉴산 하우스와인은 굳이
소믈리에를 수고롭게 하지 않아도 된다.

하우스와인에 대해서
짚고 넘어갈 것 한 가지.

하우스와인이란 지역색이 강하며
적당한 품질을 갖춘 저렴한 와인을 말한다.

옛날 우리나라에서도
객줏집마다 술을 담갔을 것이고

그 지역의 개성 있는 가양주나
막걸리를 하우스와인처럼 제공했을 것이다.

와인 종주국들에서 하우스
와인은 저렴하게 즐길 수 있는
맛있는 와인이다.

가격도 물론
저렴하다.

그러나 한국은 다르다.
수입상에서 판매 부진으로 밀려난 헐값의 제품들이
하우스와인으로 제공되기도 한다.

지들이
뭘 알겠어?

한국에시 와인 문화가 제대로 자리 집으려면 아직 갈 길이 먼 것은 아닐까 하는 생각이 든다.

테이스팅은 어느 분이…

내가 하지!

이분이 자칭 와인 박사란다.

와인을 곁들인 저녁을 대접한다기에 나름 내로라하는 인사들께서 한자리에 모였다.

음~ 황홀한 루비색의 향연이군!

향도 제법 그럴싸하고…

…

늘 느끼는 바지만
테이스팅하는 순간은
왜 이다지도 엄숙할까?

손님들의 어색한 정적이 부담스러워
소믈리에는 살짝 긴장한다.

자주
겪는 일이겠지.

괜찮군!

나쁘지 않아!

그럼 좋은 시간 되십시오!

와인 박사를 제외한 나머지 멤버들은
아직 와인에 익숙지 않은 사람들이다.

신의 물방울이라는
만화책 아시죠?

칸자키라는 주인공의
디캔팅 솜씨가 예술이죠.
이렇게 멀리서 촤르륵!

저건 또
뭔소리야?

저 소믈리에에게
그런 화려한 기술을
기대하는 거 무리겠죠?

오~ 물론 저는 평소 만화책을
즐겨 보진 않습니다만.

그 책은 와인 공부를
위해서라도 권하고 싶군요.
CEO들도 많이 보는
책이니까요.

185

아니, 노 선생님,
뭐하시는 겁니까?

아, 제가 술을
잘 못해서 물을 좀
섞어 마시려고…

저런~ 안 됩니다.
와인에 물을 타서 마시다니요.
있을 수 없는 일입니다.

와인을 마신다는 것은
와인의 격식까지
함께 마시는 겁니다.

차라리 남기세요.
희석시키는 것은
옳지 않습니다.

자, 건배!

와인 잔은 다리를
잡으셔야 합니다.
김 선생님, 최 선생님!

와인의 적정한 온도를
유지하기 위해서죠.

이런 모임에
나와 보면

아, 그렇군요.

허허… 다시
건배하시지요.

간혹 저런 사람이 있다.

아휴~ 전작에 비하면 영 신통치 않아요.

노 선생님, 이번에 나온 책 반응이 좋던데요.

와인 종주국에선 따지지도 않는 이상한 예절, 원칙들을 강요하는 사람들.

사람의 체온이 얼마나 높기에 와인 한 잔 마시는 동안 온도가 변한다는 건가…

자, 우리도 건배!

온도가 조금 변한다한들 무슨 큰일이라도 나는 건가?

와인 종주국에 가면 흔히들 개인 기호에 따라 와인에 물을 타거나 얼음을 넣어 마시기도 한다.

그렇죠. 이렇게 잡는 겁니다.

노 선생님,
한 잔 더 하시죠.

네, 생각보다
순하네요.

와인의 밑 부분을 잡고 따르는 것도
와인 종주국에 가면 소믈리에나 그럴 뿐
일반인들은 편하게 잡고 따른다.

우리는 소믈리에가 아니다.
그런데 왜 지나친 격식을 무리해서
따르려는 걸까?

먼저 와인의 색을
눈으로 맛보세요.

그럼으로써 본인의 격식과 교양도
한껏 업그레이드 된다고 생각하는 걸까?

그다음
와인의 향~

그저 편하고 즐겁게 마시면
안 되는 것일까?

그러고 나서 한 모금
맛을 음미한 다음,
감상평을 하시는 겁니다.

물론 와인 종주국에서도
예절과 격식을 중요하게 생각한다.

189

그것은 주로 남에게 피해를 끼치는
행동을 삼가기 위한 상식선의 격식 정도이다.

자, 김 기자도
건배!

아, 예.

참,
그리고…

제가 오늘 이 자리를
빛내기 위해 고급 와인
한 병 준비했습니다!

샤토 퐁트닐이라고 세계 최고의
와인 컨설턴트 미셸 롤랑이
컨설팅한 와인이죠.

5등급이지만
2, 3등급과
비교해도
손색이 없답니다.

그가 지금 거주하는 마을에서
나온 와인이기 때문에
더욱 특별하죠.

이런 레스토랑에선
25만원 선 이상 할 겁니다.

드서 보시면 아실 거예요.
고가 와인이 뭐가 다른지…

샤토 퐁트닐

물론 좋은 와인이다.
하지만 저 가격이면 그에 못지않은
우수한 품질의 와인을
서너 병 이상 살 수 있다.

우리 재미있는
이벤트 하나 해볼까요?

아까 그 소믈리에를 불러서
이 와인을 블라인드 테이스팅 해보는 겁니다.

뭐 유명한 와인이니까
소믈리에라면 그 정도는
맞힐 수 있겠죠?

그거
재밌겠네.

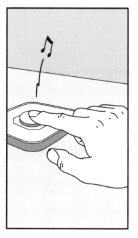

필요한 것
있으십니까?

아, 실례지만,

이 와인을 맛보고 어떤 와인인지 맞힐 수 있겠죠?

네?

죄송합니다, 손님.

와인의 종류라는 게 워낙 많으니까요.

맞히기 힘들 것 같습니다

죄송합니다. 좋은 시간 되십시오.

흠~ 경기도 안 뛰어 보고 포기인가?

하긴 이런 자그마한 레스토랑의 소믈리에가~

이건 잘못된 상식이다.

소믈리에는 병아리 감별사처럼 와인을 척 보면 암놈인지, 수놈인지 알아맞히는 사람이 아니다.

물론 소믈리에를 우리말로 번역한 것이 와인 감별사지만 와인 생산 지역에서 그 직업은 전혀 다른 일을 하는 사람을 일컫는다.

정확히 말하면 소믈리에란 '와인 서비스맨' 또는 '레스토랑 와인 책임자' 정도이다.

서빙을 하면서 와인에 대한 이해와 식견을 돕는 사람인 것이다.

대부분의 와인을 수입하는 우리나라의 소믈리에라면 손님에게 최적의 와인을 추천해 주고 서비스하는 일이 중요하다.

음식과 어울리는 와인을 추천하는 일이 가장 중요한 역할일 것이다.

아, 저는,

저는 이만 일어서야겠습니다.

아니, 김 기자님, 벌써 가시려고?

오늘 내가 밤새도록 기자님과
와인에 관한 심오한 얘기를
꽃피우려고 했는데…

다음에 또 기회가 있겠죠.
좋은 자리에 불러주셔서
감사합니다. 한 선생님.

별말씀을요.
다음에 또 봅시다.

노 선생님, 저희 집 와인셀러에
샤토 무통 로쉴드가 있는데
다음에 같이 한잔하시지요.

그걸 마셔 봤다고 하면
어디 가서 와인 좀 안단 소리
들으실 겁니다.

어머,
정말요?

세상에는 비싼 와인도 있고
싼 와인도 있다.

비싼 와인은 충분히
비싼 이유가 있을 것이다.

그러나 사람마다 입맛도 다르고
맛에 대한 식견도 다르다.

세상이 정해 놓은 와인이 가격에 알아서 굴복할 필요가 있을까?

저렴한 가격의 와인이라도 큰 기쁨을 수는 맛을 제공한다면, 그 와인의 가치가 나에겐 최상급일 것이다.

만원에 두병

요즘도 술 많이 드세요, 삼촌?

○ ○ ○ 식 당

195

아무래도 나이가 있응께. 예전만큼은 안 마시제!

나도 인자 좋은 시상 오래 살고 싶구마~

제가 오늘 삼촌하고 같이 마시려고 가져온 와인이 있어요.

참, 니가 그 와인 전문 기잔가 글제?
근디 나 겉은 무식쟁이가
무슨 와인이다냐.
걍 소주나 시켜 묵자!

괜히 비싼 거를…
좋은 자리에서
꺼내야제.

비싸지 않아요, 삼촌.
와인 전문점에서 만 오천 원에
샀어요.

196

물 건너 온 것일 틴디
너무 싸구려 아니냐?
오랜만에 만났는디
조카헌티 쪼까 섭하구먼.

아니에요, 삼촌.
만 원대 와인도
훌륭한 게 많아요!

자, 여기 잔도 가져왔어요.

거 와인은 맥주잔으로
그냥 마시믄 안 되는가?

와인의 제맛을
느끼실 수 있을 거예요.

그려?

와인 잔에 마시면 와인
빛깔도 제대로 감상할 수
있고 와인 향도
더 잘 맡을 수 있거든요.

맛이란 건 미각뿐만이 아니라
후각, 시각까지 함께 자극할 수 있어야
더욱 빛을 발하는 법이죠.

와인은 향이 좋은 술이에요. 잔을 보면
향이 밖으로 새어 나가지 못하도록 끝으로
갈수록 안쪽으로 오목해지는 모양이죠.

그래서 향을 잘 음미하려고
잔의 3분의 1만 따르죠.

잉. 그렇구만.
자, 조카도 한 잔 받게.

네.

근디,

거 와인이란 거시 들어봉께 뭐 복잡한 것도 많고
잘 모르면 어디 가서 망신이고…
그런 거 아닌가?

그렇지 않아요, 삼촌. 와인도 그냥 편하게 마시는 술인 걸요.

서양에선 파티 문화가 발달했기 때문에 정장을 입고 와인을 마시잖아요?

글치.

하지만 그들도 그런 자리에서 마시는 비싼 와인이 따로 있고 평소엔 저가 와인을 식사와 곁들여 마셔요.

오히려 한국의 와인 애호가들이 즐기는 고가 와인을 평생 한 번도 못 마셔 보고 죽는 사람들이 부지기수일 걸요?

그냥 서양 소주 마신다고 생각하고 드시면 돼요. 와인에 대한 격식이나 지식은 중요한 게 아니에요.

아, 그려?

더 필요한 거 없으세요?

아…

죄송합니다. 와인을 마시고 싶어서 잔하고 같이 가져왔어요.

네, 괜찮아요.

자, 건배해요, 삼촌.

그려, 그려.

199

조카 덕에 나가 이런 것도 마셔 보는구마이.

양주는 몰라도 와인은 잘 안 마셔 봤는디.

햐~ 요것이 만 오천 원짜리가 맞당가?

쌉싸름헌 것이 입맛도 확 돋우고 좋구마잉!

꼭 비싼 와인이 아니더라도 괜찮은 와인이 많아요.

소주, 맥주에 비해 와인은
종류가 헤아릴 수 없이 많아요.

이 와인, 저 와인 자주 드시다 보면
묘한 맛의 차이를 느끼는 즐거움이 있죠.

참, 삼촌, 생선 요리에는
화이트 와인이 잘 어울려요.

크~ 좋구면.

여름에 갈증 날 때
화이트 와인에 얼음을
띄워서 마시면 좋더라구요.

맥주와는 또 다른
짜릿한 시원함이 있어요.

그려?

다음에는 화이트 와인도
가져와 볼게요, 삼촌.

잉. 그려.
생각보다 좋구마.

앞으로 종종 마셔야 쓰것어.

와인 전문점에서 구입하면 설명도 들을 수 있어요.

일반 레스토랑보다 절반 이상 값이 싸거든요.

the WINE

대형마트도 저렴하긴 하지만 와인에 대한 설명을 들을 수 없고

WINE

품목도 한정되어 있다는 점이 조금 아쉽다.

잉, 그려.

인자 나도 와인에 취미 좀 붙여야 쓰겄구마!

많은 사람들이 와인을 즐기게 되기를…

와인에 대해
많이 알면 더욱 좋겠지만

잘 모르는 것은 와인 전문가들이
충분히 해결해 줄 수 있으니

본인 입맛에 잘 맞는 와인을 찾아보고
그저 즐기면 된다.

비싼 와인을 마셔 봤다고 해서
조예가 깊어지는 것도 아니고

또한 마셔 보지 않았다고 해서
기죽을 필요도 없다.

와인의 가격은 시장의 논리에 의해
형성된 것이다.

가격이 품질을 결정하는 절대 기준이
아니라는 게 어찌 보면 또 다른
와인의 매력이 아닐까?

세상에는 많은 종류의
술이 있다.

와인은 그 생산 지역의 토양과 기후, 정서를
충분히 반영하는 술이다.

203

와인을 통해 가보지 않은 나라를
간접 체험해 보는 건 어떨까?

와인을 마시면서
유럽의 드넓은 포도원이나

유럽의 고풍스럽고 클래식한 거리,
색다른 정서를 음미하는 즐거움에 빠져 보는 것…
멋지지 않은가?

이는 마치 외국인이
우리 전통주를 마시면서
한국적 향취를 기대해 보는 것과 같다.

또한 와인은 곡주와 증류주와는
다른 과실주만의 매력이 있다.

특히 잘 어울리는
음식과 같이 먹으면
기쁨이 배가 된다.

우리가 흔히 술을 마실 때 먹는 음식을
술안주 정도로 여기는 것과는 다른 개념이다.
와인과 찰떡궁합인 음식은 와인의 맛을
더욱 감미롭게 만드는 역할을 한다.

한국 음식은 매운 맛이 강하여 와인과
썩 어울릴 것 같지 않지만 같이 먹으면
안 된다는 법도 없다.

단지 궁합의 문제일 뿐이다.
특히 화이트 와인은 대부분의
음식에 다 잘 어울린다.

위메 고것도 술이라고 쪼까 취하는구마잉.

삼촌도 참. 와인에다가 소주 두 병 더 드셔 놓고는.

조카, 우리 불란서 술 먹었응께, 불란서 노래 좀 아는 거 있음 불러 보드라고!

아, 노래 쪼까하잖여.

음~ 프랑스 노래요?

글치.

아베마리아~

좋다!

아베마리아~

아베마리아~ 아베…

뭐시여, 가사가 고것밖에 없는가?

end

모피

—

FUR

제길!
갈수록 태산이군.

안 그래도 요즘
동물 애호가 놈들 때문에
매출에 타격이 큰데

여론에 휩쓸린
정부 놈들까지
다 한통속이군!

중국에서
사업 제휴를 제안한
리샤오핑 씨가
와 있습니다.

오~ 그래?
어서 들어오시라고 해!

네.

안녕하십니까,
리샤오핑입니다.

어서 오십시오.
리샤오핑 씨!

우리 중국에서는 야생 동물을
죽이는 것은 불법이지만
사육하는 것은 관련법에
저촉되지 않습니다.

따라서 이 업체가 원하시는
만큼의 모피를
낮은 단가에 충분히
공급해 드릴 수 있습니다.

213

이미 많은 선진국들이
우리 중국으로 생산 기지를
이전했습니다.

좋소.
계약합시다.

솔직히 말하면
당신네가 우리를
살렸소.

앞으로 모피 생산은
저희 업체를 믿고
맡겨 주십시오.

그럼 잘
부탁합니다!

214

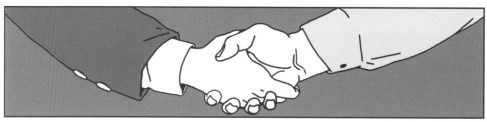

중국의
한 백화점

와~
이거 맘에 든다!

100%
밍크입니다.

차라리
가죽점퍼가
낫지 않을까?

모피 코트는
아줌마들이나
입는 거 아냐?

어머, 손님~ 요즘 모피는 젊은 층에서 더 많이 찾으세요.

저희 매장에도 젊은 감각의 모피 제품들이 대부분이구요.

사주기 싫어?

아, 아니.

모피 코트는 청바지부터 드레시한 옷까지 다 매치하실 수 있는 아이템이에요.

관리만 잘하면 30년 이상 입으실 수 있답니다.

215

이걸로 할래. 나랑 30년 이상 살고 싶지?

그, 그럼…

향수나 헤어스프레이는 반드시 입기 전에 뿌려 주세요.

네.

CHANEL

보관하실 때 습기 조심하시구요.

네~

자기야, 선물 고마워~

응. 잘 어울려, 자기.

자네, 하두 닿고
그만둘 거면 오늘 하루
인생 공부한 셈 치고 돌아가게.

아, 아닙니다.
자신 있습니다!

여기 물건들은 절반은 내 거고
절반은 차이펑 씨 거야.

차이펑 씨 소개로 왔다고
대충할 생각하지 마.

네에…

휘유~
냄새…

요즘같이 날씨가
추워지면
털이 풍성해져서
일이 많아.

한창 바쁠 때
자네가 왔어.
부지런 좀
떨어야 할 거야.

네…

숨이
다 막힌다.

근데 우리가 너무
좁은 거 아닙니까?

우리가 좁아야
움직임이 적지.

움직임이 적어야 살이 오르고 털도 풍성해지는 법이거든.

아, 예…

!

저기 왕 선배, 개랑 고양이도 있네요?

그놈들은 털이 없나? 너구리나 여우, 밍크보다야 값은 한참 덜 나가지만.

불 좀 있나?

네, 여기.

218

?

저, 요기, 물이 얼어붙은 그릇에 피 묻은 살점 같은 게 있는데요?

너구리가 얼음을 핥다가 혀가 달라붙은 걸 억지로 떼다 잘린 거야. 저런 건 굶어 죽기 전에

서둘러서 모피를 벗겨 내야 해.

어디 보자…
오늘 박피해서 넘겨야 할 게
밍크 4마리에 너구리 7마리,
여우 3마리로군.

딱 한 번만
설명할 거니까
보고 잘 배워.

네!

밍크는 몸이 작고 미끄러워서
올가미로 잡기가 힘들지.
먹이로 유인한 다음에…

219

몽둥이로 내려치는 거야.

삐익

삐익

이렇게 피가 나지 않을 만큼만
머리를 계속 내려치라고!

삐익

삐익

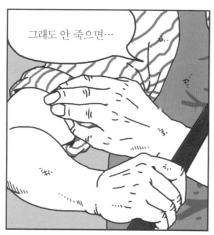

그래도 안 죽으면…

이렇게 목뼈를 부러뜨리면 돼.

이때 탈골되는 소리가 나야만 죽은 거야. 간단하지?

빠각!

체온이 떨어지기 전에 빨리 벗겨 내야 돼.

아…

우선 발목을 먼저 이렇게 자르고

한쪽 발끝에서 다른 쪽 발끝까지 안쪽 가운데를 따라 칼질을 하지.

다리를 하나씩 벗기고

꼬리를 뺀 후에

손끝에 힘을 줘서 이렇게 당기는 거야. 이렇게!

너구리는 올가미를 씌운 후에 꺼내서

퉤엣!

잡고 있게.

아, 네.

이 전기 막대를 입과 항문에 댄 후 감전시키는 거지.

한 번에 안 죽으니 여러 번 해야 돼.

?

뭐야, 고장인가? 하는 수 없군.

꾸욱

그다음 역시 뒷발부터 돌려 자른 후에 벗겨 내는 거야.

어, 아직 살아 있는데…

항문 주변은 더러우니까 조금 잘라내 버리고 이런 식으로…

꼬리 부위는 최대한 털에 손상이 안 가게 살짝 잘라 내고

당기면 쏙 빠지지.

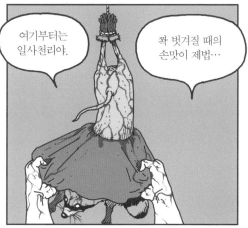

여기부터는 일사천리야.

좍 벗겨질 때의 손맛이 제법…

그리고 앞다리와 대가리쯤에서 칼질 좀 더 해주고 벗겨 내면 되는 거야.

꿀꺽.

223

！

으헉!

아, 아직 죽지 않았어요!

바로 안 죽어. 길게 살아 있는 놈은 10분이 지나도 심장이 뛰더라고.

이건 일단 냉동실에 보관해 뒀다가 거래처에서 오면 팔아야지.

왜 완전히 죽이지 않고 살아 있는 상태에서 벗겨 내는 거죠?

살아서 버둥거려야 한 번에 쭉 뜯어내기가 쉬워.

이런 큰 놈들은 죽은 상태에서 벗기면 사체가 축 늘어져서 칼질이 많아져.

그럼 모피 값도 떨어지겠지?

자, 봐!
이렇게 한 십년 넘게
손에 피 칠 좀 해야

어디 가서 껍질 좀
벗겨 봤다고 얘기할 수준이
되는 거라고.

꿀꺽.

어때,
할 만하겠어?

네…

오후에도
할 일이 태산이니까
든든히 먹어 둬.

궂은일이지만 한 오륙년 바싹 하면
가게 하나 차릴 돈은 마련될 걸.

자네 여기 오길 잘했어.
젊을 때 고생해 두는 게
나중을 위해 좋지.

헉!

요즘 젊은 친구들은 말이야, 조금 먹고 살만 해졌다고 흥청망청…

우욱!

우웩!

아니, 이 양반이! 남의 식당 앞에다가 무슨 짓이야!

훗, 녀석…

나 처음 일할 때하고 똑같군.

오늘 밤은 자네가 숙직을 서.

새벽에 한두 번 손전등 들고
순찰만 해주면 돼.

똥 좀 치우고. 알겠나?

예, 예.
내일 뵙겠습니다!

이게 요즘 가장
인기 있는 인형입니다.

텔레비전에서 방영되고 있는
만화 영화 캐릭터죠.
제일 잘 나갑니다.

하나 예쁘게 포장
좀 해주쇼.
얼마요?

228

229

231

수도권에 있는 M시장을 둘러보았다

5월 중순, 한낮 기온 26~27도의 화창한 날씨 맑은 하늘은 더할 나위 없이 쾌적하다 그런데 철창 속의 개들은 지쳐 쓰러져 있거나 생기 없는 얼굴로 헐떡이고 있다.

M시장의 한쪽 길에는 개, 흑염소, 오리, 닭, 고양이 등이 철창 속에 갇힌 채 전시되어 있다. 고객이 원하면 즉석에서 도살하여 판매되는 시스템이다. 아무래도 개들이 가장 많다. 헐떡이는 개들이 가득한 철창들에는 갈증을 풀어 줄 물 한 그릇 놓인 곳이 없다. 대신 죽은 동료들의 내장이 담긴 먹이 그릇만이 놓여 있다.

시장 안은 지나다니는 사람들끼리 서로 몸을 부딪히며 걸어야 할 정도로 제법 붐볐으나 개고기를 사고파는 거래는 많이 이뤄지지 않는 듯 보였다. 본격적으로 더위가 시작되고 복날이 들어 있는 달이 오면 더 많은 개들이 저 철창 속을 가득 채우리라. 수량이 부족할 때는 코커스패니얼, 맬러뮤트, 시추 등 작은 애완견들마저도 식용으로 둔갑해 진열대 위에 버젓이 오르거나 음식점 혹은 개소주용으로 싸게 유통된다고 한다.

블랙탄으로 보이는 개가 홀로 철창 속에 갇혀 "컹컹" 짖어 댄다. 한 상점에서 상인과 나이 지긋한 고객이 흥정을 한다.

"이렇게 발목이 두꺼운 게 도사견이죠. 이런 게 고기가 맛있습니다. 그래서 값이 더 나가는 거예요."

"너무 비싼데… 2만원만 해."

흥정을 끝내고 난 상인은 다리 하나가 붙어 있는 벌건 개의 살점을 도마 위에 올려놓고 능숙한 칼직으로 투막투막 잘라 낸다

"발목 조각은 버리지 왜 같이 포장을 해?"

"발목이 있어야 국물이 잘 우러납니다. 어르신."

또 어떤 상점 안에서는 온몸에 털이 다 제거된 허연 개의 늘어진 몸뚱이를 화염방사기 같이 생긴 것으로 그슬려 대고 있다. 내가 까치발을 하고 열심히 상점 안을 들여다보고 있노라니 "필요한 거 있으세요?"하고 다른 상인이 와서 묻는다. 그냥 구경 좀 한다고 답하자 별 볼일 없으면 빨리 제 갈 길 가라는 표정을 짓는다. 상점 앞에 진열되어 있는 내장이 제거된 개의 사체들은 빠른 부패를 막기 위해 이렇게 한 번씩 표면을 불로 그슬린다. 상점마다 개를 도살한 후 털을 제거하거나 그 밖의 공정을 위한 장비와 공간들이 마련되어 있다. 무엇을 잘못했는지 한 상인이 철창 윗부분을 열고 안으로 들어가 개 한 마리를 발로 후려친다. "깽"하는 소리에 깜짝 놀라는 사람은 나뿐이다.

신경통이나 관절염에 효험이 있다고 하여 약과 함께 달여서 먹는다는 고양이들도 철창 속에 갇혀 있다. 고양이들의 상태는 털도 영망이고 지친 개들보다 더욱 안 좋아 보인다. 저런 것을 달여 먹으면 약이 아니라 오히려 독이 되지 않을까하는 생각이 들 정도다.

개고기가 거래되는 길의 끝부분 맞은편에는 온갖 종류의 순종 강아지들과 고양이 새끼들이 애완용으로 거래되고 있다. 이들 대부분

232

은 농장에서 나왔겠지만 간혹 버려지거나 집을 잃고 떠돌다가 포획된 개들도 있다고 한다. 이곳에서는 시중보다 훨씬 더 저렴한 가격에 애완동물을 구입할 수 있다. 그러나 길 한복판에 방치된 채 지나다니는 오토바이, 용달차의 매연과 바이러스, 많은 사람들의 손길로 인해 질병에 걸린 동물들은 발병 전에 눈으로는 식별이 어렵고 면역성이 약한 새끼들은 일주일 내에 죽는 경우가 다반사라고 한다. 병원비가 부담스러운 무책임한 주인들에 의해 채 성견이 되기도 전에 버려지는 개들 또한 부지기수라고 한다.

2005년, 한국추출물가공협회의 통계에 따르면 국내에서 한 해 동안 식용으로 도살되는 개가 약 50만 마리, 개소주 용도로는 약 80만 마리 정도라고 한다. 하지만 알려지지 않은 도살은 이보다 훨씬 더 많을 것이며 그 수는 한 해 200만 마리 이상을 육박할 것으로 추산한다. 현행법은 닭 한 마리를 잡더라도 그 과정과 시설, 위생 상태를 엄격히 규제하고 있다. 그러나 개에 대해서는 아무런 규정도 없다. 지금도 곳곳에서 혐오감을 주는 도축이 제멋대로 이뤄진다. (어린 시절 동네 아저씨들이 개를 도축하는 광경을 보고 하얗게 질렸던 끔찍한 기억을 30년 가까이 지난 지금도 잊을 수가 없다.)

도축 시설의 위생 상태도 법이 관여하지 않으니 엉망일 수밖에 없다. 비좁고 더러운 환경에서 극심한 스트레스를 받기 때문에 파보바이러스 감염증이나 홍역, 브루셀라병 등에 집단 감염되기 쉽다. 그래서 사육 과정에서 다량의 항생제를 사용한다. 이러한 고기를 먹게 되면 육질에 잔류해 있던 항생제가 그대로 전달되고 축적되어 인간의 건강에도 심각한 위협을 끼칠 수 있다.

개고기를 합법화시키고 식용견과 애완견을 구분하자는 논리도 있다. 그러나 매매시장에서 어렵지 않게 애완견을 볼 수 있는 게 지금의 현실이다. 그리고 형체를 알아볼 수 없게 썰어 낸 고기로는 애완견인지 아닌지 알 길이 없다. 어찌 보면 그러한 구분은 어디까지나 인간의 자의적인 구분일 뿐이다. 모두 똑같이 피를 흘리고 고통을 느끼는 생명이 아닌가.

또 한 가지, 개고기를 먹는 문화가 반드시 계승해야 할 아름다운 우리의 전통 식문화인가? 과거 먹을 것이 부족했던 시기에 불가피하게 이루어졌던 관행을 언제까지 전통이라는 이름으로 계속 가져가야만 하는 것일까? 오랜 전통으로 이어져 왔던 영국의 여우 사냥은 이미 법으로 금지되었고, 스페인의 오랜 전통이었던 투우도 그 잔인함에 반대하는 줄기찬 노력 끝에 2007년부터 법으로 금지되었다. 앞으로는 동물을 대하는 인간의 윤리적인 태도가 그 나라의 도덕성과 수준을 가늠하는 척도가 되지 않을까.

집으로 돌아와서 목욕을 하기 위해 샤워기를 틀었다. 단 한 번의 목욕물로도 헐떡대던 철창 속의 개들 전부 충분히 목을 축일 수 있을 텐데… 인간으로서 괴로운 죄의식이 밀려든다.

물 한 모금 마실 수 없어 갈증에 시달리는 개들.
이들을 위한 배려라고는 오직 죽은 동료들의
내장이 담긴 먹이 그릇뿐이다.

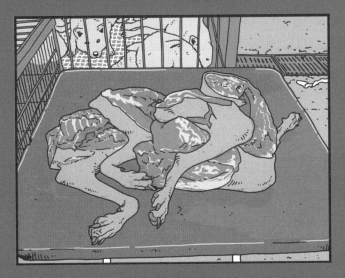

상점 앞 좌판에 널려 있는 개의 살점들.
철창 속에 있는 개 한 마리가
동료들의 살점을 물끄러미 바라보고 있다.

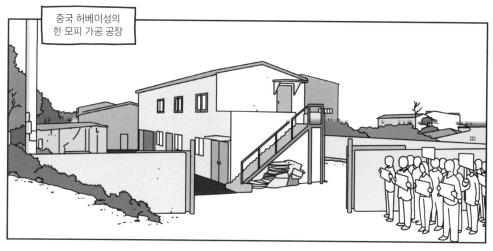

중국 허베이성의
한 모피 가공 공장

동물 학살 행위를
즉각 중단하라!

언제까지 저러고
있을 건지…

좀 어떠세요, 어르신.
필요한 거 있으세요?

콜록콜록

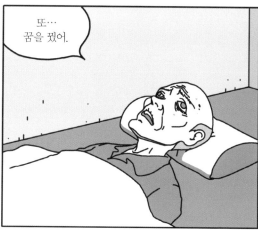

또…
꿈을 꿨어.

네?
무슨…

꿈에…
내가 발가벗겨진 채
쇠사슬에 거꾸로
매달려 있었는데…

거대한 너구리가…
내 살가죽을
벗겨 내고 있었어.

이미 가죽이 벗겨진
다른 사람들도 보였지.

거기에…
자네도 있었어.

의미 없는 꿈입니다.
어르신, 좋은 생각만 하세요.

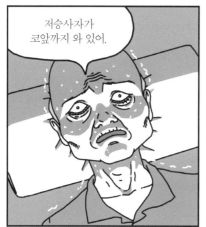

238

누구요?

사장님께서 오셨습니다.

…

안녕하십니까, 사장님.

네덜란드에서 추가로 물량을 계약했네.

당분간 생산량을 두 배로 늘릴 걸세.

그러니 이번 주 안에 인부들도 두 배로 늘리게.

네, 사장님. 그런데 저… 천 노인 말씀인데요.

병원비가 없어서 제대로 치료를 못 받다보니 병이 낫질 않습니다.

회사에 공도 많으신 분인데… 다른 인부들 사기 문제도 있고…

오갈 데 없는 노인 아닌가. 돌봐줄 자식도 없다면서?

네, 그렇습니다.

이봐, 첸 실장.

네, 사장님.

주게.

네.

240

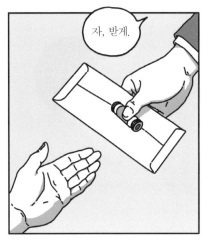

자, 받게.

돈 봉투?

이건… 뭐지?

힘들게 시간 끌지 말고
편히 보내 드리게.

어차피 치료를
받는다 해도
얼마 살기 힘든
노인네 아닌가.

장례 치를 비용이랑
자네 수고비까지
넉넉히 넣었네.

241

…

다른 문제는 없나?
저 앞에 쓰레기 같은
것들은 신경 쓸 필요
없고.

저, 그게…

모피를 약물 처리할 때
포르말린을 쓰니 인부들
건강이 걱정이라…

마스크를 반드시
착용하도록
교육시키면 될 일!

마스크도 한계가 있습니다, 사장님.

포르말린 때문에 인부들이 폐암에 걸리지 않으려면 공장 안에 환풍기 시설을 제대로…

조용히 해! 이 멍청이!

턱

잘 들어.

천 노인은 원래 지병이 있던 노인이야.

우리는 포르말린을 사용하지 않아. 우리는 백반을 쓴다고.

그렇게 딱 잡아떼는 거야.

턱

243

이게 왜 이리 발버둥이야!

얌전히 좀 못 있냐!

류창, 요즘 뭐 안 좋은 일 있어?

뭐, 그냥요…

왜, 여자 친구가 또 속 썩이나?

실은… 리엔과 헤어졌어요.

한국 가서 돈 벌어 온 연변 놈이랑 결혼하겠대요.

저보다 나이도 스무 살이나 더 처먹은 빌어먹을 놈한테요.

저도 여기서 짐승들 껍질이나 벗길 게 아니라

한국 가서 돈이나 잔뜩 벌어 와야 할까 봐요. 웃차!

말처럼 쉬운 줄 알아?

취업 비자 마련하느라 빚만 잔뜩 지고

개고생하다 돌아온 사람이 부지기수야.

남의 나라에서 돈 벌어 먹는 게 그렇게 만만한 일이 아니라구.

에잇, 손에 피 묻혀 가며 번 돈으로 그년한테 갖다 바친 게 얼만데!

성질 같아서는 그년도 이렇게 싹 벗겨 버렸으면 좋겠어요.

류창,
끔찍한 소리를
하는구만.

재수 없는 소리하지 말고
가서 사료나 주고 와.
벗긴 모피 싣고 공장으로
서둘러 출발해야 해.

네에.

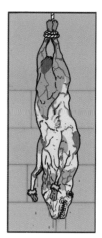

웃차!

끄응.

저 인간,
좀 도와주지.
무거워 죽겠네.

요즘 들어 힘든 건
죄다 나만
시켜 먹는구만.

사료 배합 힘든 거
뻔히 알면서. 젠장.

아이고,
허리야~

두고 봐라,
리엔.

개 같이 벌어서
보란 듯이
잘 살아 주마!

눈물을 쏟으며
후회하게 해주겠어.

자~
이렇게 고기를
쭉쭉 발라내고

다했고~

그다음에

247

잘라 낸
고기에

곡류랑 감자,
어분을 부어서
섞어야지.

그리고

이렇게
잘게 부숴 주면
완성~

***비건(vegan) 패션**: 채식을 추구하는 비거니즘(Veganism)의 개념을 딴 말. 동물성 제품을 먹지 않는 식습관을 비롯해 동물의 가죽이나 털을 이용하지 않는 패션을 추구하는 것을 말한다.

걱정하지 마라.

내가 너보다
덜 배웠어도

인간의 속성에
대해선
빠삭하지.

가짜가 판을 칠수록

진짜의 가치는
더욱 올라가는 법이다.

249

인간의 우월감을
충족시켜 주는 것들

고급 승용차나
명품 백 같은 것들과
똑같아. 모피는.

그런 게
인간 세상에서
없어질 것 같아?

천만에.
두고 봐라.
앞으론 더 비싸게
팔릴 테니.

어?

저 사람들 뭐죠?
공장 앞에서
뭐하는 거지?

모피를 반대하는 놈들이지.
할 일 없는 쪼다들. 퉤!

차를 가로막기라도 하면
어쩌죠?

어쩌긴.
확 밟고
지나가면 되지.

휴~ 다행히
가만있네요.
저것들.

흥.
제깟 것들이 뭘 할 수 있…

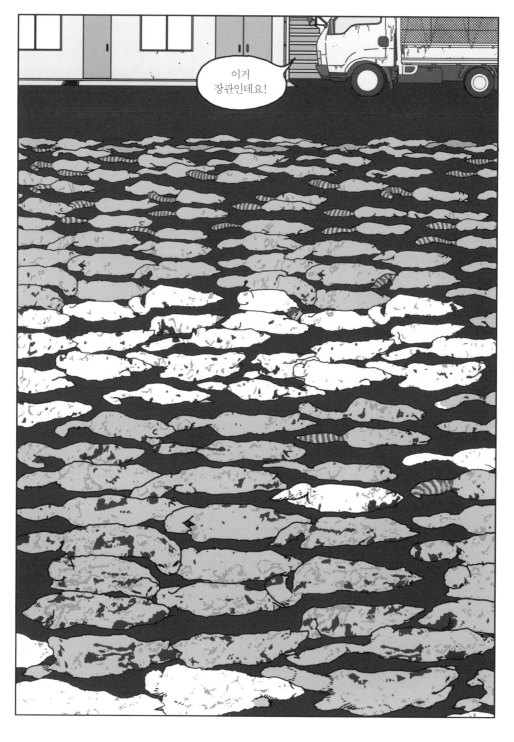

우릴 포함해 50군데 정도 농장에서 물량을 공급하니까.

여기 문 앞에 주차해.

여~ 공장장, 잘 지냈나?

왔군. 잘 지내지?

이번에 새로 온 친구야.

안녕하십니까! 류창이라고 합니다.

반갑네. 뤼양이라고 하네.

아, 공장은 처음이니까 견학 한번 하셔야지.

그거 좋은 생각이네.

일이 돌아가는 공정은 봐 둬야지.

옮기는 건 인부들에게 맡기고
자넨 나 좀 보세.

그러지.

자, 받게.

이게 뭔가?

한 마리당 10분의 1씩만 투여하게.
잠이 많아지고 식욕도 늘면서
생식 기능은 사라질 걸세.

그리고 털이
풍성하게 자라지.

일주일 간격으로
투여하게.

오~ 좋은데!

그리고 사장이 네덜란드에서 추가로 물량을 계약했다고 하니 앞으론 생산량을 두 배로 늘려 주게.

그리고 모질도 좀 더 신경 써 주게. 단가도 20%씩 더 쳐줄 테니.

알겠네.

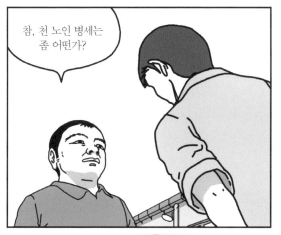

참, 천 노인 병세는 좀 어떤가?

255

...

여기서는 가져오신 모피의 생가죽에 남아 있는 잔여물을 제거합니다.

그다음 물로
1차 세척을 합니다.

그리고 수조를 옮겨
포르말린을 붓고
살균·살충 처리를 하죠.

이대로 약 3일간
담가둡니다.

마스크를 써도
냄새가 지독하고
눈이 따갑다…

그리고 나서 물로 2차 세척 후
건조시킨 다음 털을 다듬고
생산 공장으로 보내는 거죠.

후아~
살 것 같네!

다 끝났나?
이제 가지.

네!

자, 그럼 가보겠습니다!

다음에 또 보세.

257

우리가 하는 일은 저 인부들 하는 일에 비하면 양반이네요.

그렇지.

쉬쉬하지만 포르말린 때문에 벌써 여럿 죽어 나갔어.

숙직실에 누워 있는 노인네도 오늘내일 할 걸.

그나저나 일이 더 늘었다. 생산량도 두 배로 늘리고 모질도 신경 써야 해.

잘됐네요.

이제 하루에 100개씩 벗겨 내야 해.

바빠지는 만큼 네 월급도 많아질 테니 열심히 하라구.

네.

그것 봐라.

내가 아까 뭐랬냐.

지구에 겨울이 오고
인간이 있는 한

우린 절대 굶지 않아.

그런데 저것들은
언제까지 저러고
있으려는지…

공장에서도
신경 쓰이겠는데요.

하~ 저것들
진짜.

259

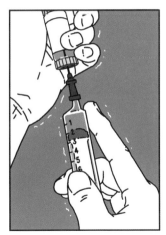

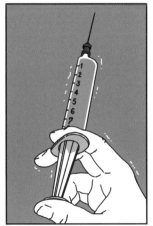

어르신, 주무십니까?

...

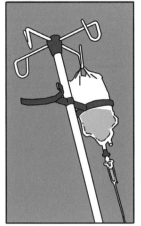

꿀꺽

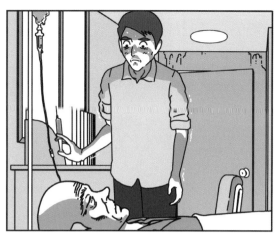
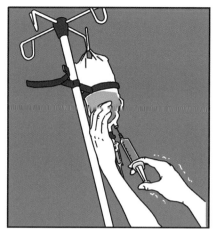
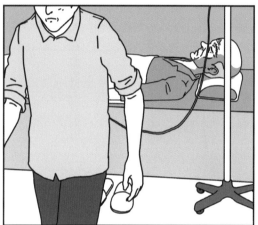

어쩌겠어…
산 사람은…

살아야지.

end

동물 실험의 진실

근래 들어 많은 과학자들이 동물 실험에 부정적이다. 그들은 동물 실험이 현대 과학의 무모함에서 오는 비윤리적인 행동이라고 말한다. 그리고 인간과 동물의 생물학적 차이에서 오는 실험 결과의 부정확성에 대해서도 지적한다. 그래서 많은 과학자들이 동물 실험을 대체할 만한 방법들을 찾는 데 공을 들인다.

한 해에만 전 세계에서 약 5억 마리의 동물들이 다양한 실험에 사용된다. 미국 위스콘신대학의 연구소에서는 실명으로 인한 신경 세포의 변화 여부를 실험하기 위해 갓 태어난 고양이 새끼들의 눈을 꿰매서 봉해 버렸다. 캘리포니아대학 샌프란시스코 캠퍼스에서는 여덟 마리 올빼미원숭이들의 손가락을 절단한 뒤 그들의 지각이 변화하는지 여부를 확인하기 위한 뇌 검사를 진행했다.

눈에 대한 자극성은 일명 드레이즈 시험 * 으로 측정된다. 눈 조직 손상을 관찰하기 위해 주로 이용되는 알비노 토끼는 시험 전 보정 틀에 몸과 머리를 고정시킨다. 보통 7일 동안 일정량의 화학 물질을 눈에 투여하는데 토끼는 보정 틀로부터 빠져나오려고 발버둥 치다가 척추가 부러지기도 한다.

군사 실험에 이용되는 사례를 보자. 1983년부터 1991년 사이 미 육군은 전쟁 중 입을 수 있는 부상을 연구하기 위해 수백 마리의 고양이 머리에 철강 탄환을 박았다. 논란이 일자 이 프로젝트를 취소했지만 미국 국방성

은 래트 * * 를 이용하여 또 다른 실험을 하였다. 끓는 물에 래트를 10초 동안 집어넣어 화상을 입히고 몸에 입은 화상 부분에 병원균을 감염시키는 연구였다.

동물 이용 실험의 지지자들은 소아마비 바이러스를 접종받은 원숭이 수만 마리의 도움이 없었다면 결코 소아마비 백신이 개발될 수 없었을 거라고 말한다. 결핵, 풍진, 홍역 등도 마찬가지이다. 그리고 앞으로도 암과 알츠하이머, 에이즈 같은 질병을 정복하기 위해 동물 실험은 필수적임을 역설한다.

그러나 동물이 인간에게 반드시 좋은 과학적 모델이라고는 볼 수 없다. 대표적인 예로 1953년 독일의 한 제약회사에서 개발한 '탈리도마이드' 성분의 신약은 동물 실험을 통해 유례가 없을 정도로 안전한 물질임이 증명되었음을 강조하며 '기적의 알약'이란 광고 문구와 함께 입덧 방지제로 판매를 시작하였으나 얼마 후 세계 46개국에서 1만 명이 넘는 기형아가 태어나는 끔찍한 일이 벌어졌다. 탈리도마이드 성분의 문제점을 뒤늦게 인정한 제약회사는 인체에 나타난 치명적 부작용을 재현해 내기 위해 개, 고양이, 닭, 햄스터 등을 대상으로 재실험을 하였다. 그러나 '탈리도마이드'는 오직 인간에게만 해로울 뿐 이들 동물에게서는 어떠한 문제점도 발견되지 않았다. 결국 수만 마리의 죄 없는 동물들이 추가로 학살당한 셈이었다.

264

＊**Draize Test**: 눈에 대한 자극성을 시험하기 위해 1940년대 미국식품의약품안전청에 근무하던 드레이즈(J. H. Draize)에 의해 개발된 테스트.
＊＊**rat**: 집쥐를 길들여 실험용으로 사용하는 흰쥐.

또 다른 사례는 1963년으로 거슬러 올라간다. 당시 다양한 실험을 통해 흡연과 폐암 사이에 강한 상관관계가 있음이 밝혀졌지만 동물을 이용한 실험에서는 그 둘 사이의 상관관계를 입증하는 데 실패하자 담배 회사들은 동물 실험 결과를 근거로 흡연에 의한 폐암 발병 가능성의 경고를 오랜 시간 늦출 수 있었고 그로 인해 많은 사람들이 폐암으로 사망했다. 동물 실험이 인류의 건강 증진 목적이 아닌 정치적이고 경제적인 목적에 이용된 사례라고 할 수 있다.

265 이와 비슷한 예로 1940년대 초까지 석면이 폐암의 원인이라는 사실이 다양한 연구 결과를 통해 명확해졌음에도 불구하고 동물 실험에서 그 위험을 확인하지 못했다는 이유로 석면은 수십 년 동안 미국에서조차 규제되지 않은 채 사용되었다. 동물 실험이 인류의 건강을 위해 필요하다는 일반적 믿음과는 달리 오히려 그 반대의 결과를 가져온 경우들이다. 더욱이 오늘날 인간과 동물이 공유하는 질병이 1.16%에 불과한 것으로 알려지면서 동물 실험은 윤리성뿐만 아니라 실효성에서도 많은 논란을 낳고 있다.

이렇게 주장하는 이들도 있을 것이다. "극히 적은 경우라 해도 동물 실험이 결국에는 인간의 건강에 이로운 정보를 주지 않았는가?"

그러나 동물 실험만이 인간의 질병 치료를 위한 유일한 해법이거나 가장 효과적인 방법은 아니다. 과거 20년 동안 동물 이용 실험의 대안으로 떠오른 다양한 결과물들이 존재한다. 인간 세포 배양, 세포막, 인간 피부 대용물, 눈의 구성 성분과 유사한 단백화합물, 분자 구조를 이용한 컴퓨터 프로그램, 화학 물질이 독작용이 있는지 여부를 예측할 수 있는 다른 매개변수들, 생물 체계 모델을 만들어 내는 컴퓨터 프로그램, 그리고 이와 관련된 다양한 발전들 등 이미 다양한 대안이 존재하고 앞으로 더 많은 대안을 찾아내기 위해 전 인류가 노력해야 할 것이다. 그럼에도 불구하고 왜 동물 실험은 계속되고 있는 것일까?

약과 실험 동물과 기자재를 팔아 이익을 얻는 기업들, 동물 실험이 의학 발전에 이바지하든 말든 연구비로 생계를 꾸려 가는 연구자들, 연구자들이 받아 오는 연구비로 살아가는 학교들, 연구비 명목으로 거둬들인 세금을 어디에든 써야 하는 정부….

복잡하게 얽힌 인간들의 이해관계 때문에 해마다 수많은 동물들이 비참하게 희생되고 있다는 뻔한 말은 하고 싶지 않다. 동물 실험 문제 해결의 출발은 나 아닌 생명의 고통을 돌볼 줄 아는 기본적인 양심, 선의에서 출발한 윤리, 그리고 의학 발전을 위한 진정한 고민에서 시작되어야 할 것이다.

눈에 대한 자극성을 실험하기 위해 보정틀에 보정 되어진 토끼들.
대부분의 실험 동물들은 실험이 끝난 뒤 죽거나 안락사 당한다.

모대학교 실험동물센터에서는 해마다 동물위령비 앞에서
동물들의 넋을 위로하기 위해 위령제를 지내고 있다.
이날만큼은 동물 실험을 하지 않는다고 한다.

267

모피의 진실 그리고 작업을 마치면서

작화에 필요한 자료를 얻기 위해 너구리 모피를 산 채로 벗겨 내는 동영상을 수십 번씩 반복해서 보았다. 고통에 몸부림치는 동물들의 털가죽을 아무렇지 않게 벗겨 내던 그 잔인하고 처참한 장면은 눈 뜨고 보기에 정말 괴로웠다. '이런 일을 하는 사람은 인간도 아니야! 악마가 따로 없구나!' 견딜 수 없이 힘들었다. 그런데 오랜 시간 그 잔인한 영상을 반복해서 보다 보니 점차 무뎌지고 나중엔 담담한 마음으로 작화에 필요한 스케치를 진행할 수 있었다. 마치 대학 실기 수업 시간에 처음으로 누드모델을 접하고 두근거리던 마음이 그림에 몰두하면서 점차 보통 정물로 느끼게 되는 상황과 비슷했다. 견디긴 힘든 자극적인 상황이 반복되면 역치는 높아지고 더욱 심한 자극에도 무뎌지게 되는 법. 동물의 모피를 벗기던 그 사람들도 처음에는 내 심정과 같았을까?

한 조사에 따르면 매년 모피 사업으로 인해 죽음에 몰리는 동물의 수는 사육된 동물과 덫으로 잡은 동물의 수를 더해 약 8,000만~1억 마리 정도로 추산된다. 모피로 사용되는 대다수의 동물 가죽은 동물 농장으로부터 나오는데 대부분의 농장 시설은 열악하기 그지없다. 얇은 철사 그물로 만들어진 좁은 우리에 동물을 가두고 더 빨리 성장시키기 위해 (더 많은 가죽을 얻기 위해) 얼음 같은 바람과 추위에 노출시킨다. 극심한 스트레스로 인해 우리 안의 동물들끼리 서로 물어 죽이거나 이상한 행동을 보이는 동물도 다수이다.

덫으로 잡힌 동물들도 처참하기는 마찬가지다. 덫은 주로 강철 쥐덫 덫을 많이 사용하는데 이 지독한 기구에는 발판에 압력이 가해졌을 때 찰칵 물고 닫히는 강철로 된 쥐덫이 있다. 이 쥐덫는 살을 물고 인대를 찢고 뼈를 부수면서 닫히는데 짐승의 다리뿐만 아니라 등에 걸릴 때도 있고 목에 걸릴 때도 있다. 덫에 걸린 채로 고통 속에서 며칠, 심지어 몇 주 동안 갇혀 있기도 한다. 몇몇 동물들 (특히 새끼를 기르는 어미들)은 덫에 걸린 자신의 손발을 물어뜯어 잘라 내고 달아나기도 한다. 이런 끔찍한 시체를 짊어지고 다니는 게 바로 모피를 입는 것이다!

모피는 잔인한 동물 학대라는 측면에서 뿐만 아니라 인간의 건강에 직접적인 피해를 준다는 점에서도 문제가 된다. 우리나라에서 수입하는 모피 중 80~90%가 중국에서 들어오는데 뻣뻣한 모피를 부드럽게 만들기 위해 쓰는 주된 약품이 바로 발암물질인 포르말린(포름알데히드 수용액 *)이다. 공중목욕탕 같은 큰 수조에 대량의 모피를 집어넣고 2시간 간격으로 하루 5번 정도 이 약품을 들이 붓는데 마스크를 착용하고 작업을 해도 약품 냄새에 코가 시리고 눈이 따갑다고 한다. 그 독성 때문에 쉰 살을 넘기지 못하고 암에 걸려 죽는 인부들이 부지기수라고 하는데 이렇게 인체에 치명적인 약품 처리를 한 엄청난 양의 모피가 별다른 검사 없이 우리나라로 수입되고 있다. 실제로 모피 코트나 모피 목도리를 착용하는 사람들 중 상당수가 주로 털이 많이 닿는 목

---

* **포름알데히드 수용액**: 포르말린을 중국에서는 '좌첸'이라고 부른다. 원래 모피는 백반으로 가공해야 하나 가격이 저렴하다는 이유로 좌첸을 사용하기도 한다.

이나 손의 피부 가려움증, 알레르기 반응을 호소한다고 하니 모피는 동물뿐만이 아니라 양심적이지 않은 생산자들 때문에 제값을 치르고 구입한 소비자에게도 심각한 피해를 주고 있는 셈이다.

지금 우리는 추위를 견디기 위해 모피를 입지 않는다. 추위 때문이라면 모피가 아니어도 수만 가지의 대안이 있다. 그러나 코트나 목도리, 장갑뿐만 아니라 신발, 장신구, 액세서리, 심지어 아동용 장난감에도 모피가 이용되고 또한 세계적인 기업들의 손길로 다듬어져 빛나는 명품으로 쏟아져 나오고 있는 게 현실이다.

대생명체인 지구의 입장에서 본다면 인간은 자연을 파괴하고 다른 생명체의 고통을 기반으로 살아가는 암적인 존재일 수도 있다. 그동안 우리는 누구에게서 받은 건지 알 수 없는 인간으로서의 권리만을 마음껏 행사하며 살아온 것은 아닐까?

인간이 위대한 것은 생각하는 동물이기 때문이다. 값비싼 모피를 두르고 목에 힘을 주고 다니는 일이 얼마나 부끄러운 일인지 생각할 수 있는 동물이기를 진심으로 바라본다.

첫 장부터 마지막 장까지 정말 힘든 작업이었다. 평소에 하듯 순전히 내 안에 차오르는 이야기만을 가지고 꾸미는 것이 아니었기 때문이다. 또 작업에 들어가기 전에는 그저 남들 아는 정도 밖에 몰랐던 주제들에 관해 어느 정도 식견을 갖추기 위해 수많은 책을 읽고 자료 조사를 해야 했던 것도 그랬거니와 무거운 주제들을 만화로 풀어낸다는 것이 얼마나 어려운 일인지 모르고 쉽게 덤빈 탓도 있다.

그러나 이 작업을 다 끝내고 난 지금 그 어느 때보다 보람을 느낀다. 그리고 분명히 달라진 나를 느낀다. 지나가다 백화점에 진열되어 있는 다이아몬드 반지를 보게 되면 그 아름다움 뒤에 끔찍한 역사를 숨기고 있는 다이아몬드도 분명 있을 거라고 생각할 것이다. 모피가 붙은 옷은 입지 않을 것이며 때가 되면 챙겨 먹던 음식 중 하나인 보신탕도 먹지 않을 것이다. 와인을 고를 땐 가격에 대한 선입견에 무턱대고 휘둘리지 않을 것이며, 공정무역 원두로 커피를 만드는 가게를 보면 잊지 않고 한 잔 사 마실 것이다. 나부터 변하기 시작할 것이다.

나는 이 책을 통해 무언가 거창한 이야기를 하려던 것은 아니었다. 그저 슬픈 영화를 보면 눈물 흘릴 줄 아는 그런 사람의 마음에 조용히 노크를 하고 싶었다. 나로부터 시작된 소소한 변화 하나하나가 결국 굴러가는 눈덩이처럼 불어나서 허물어져가는 생태계와 자연을, 그리고 불합리한 인간 세계의 형평성을 바로잡아 주리라 믿는다.

좋은 기획을 제안하고 부족한 나를 믿고 작업을 맡겨 준 함소연 님, 진숙현 님, 그리고 함께읽는책 모든 식구들에게 감사의 마음을 전한다.

참고한 책과 영화, 인터넷 사이트

다이아몬드
《다이아몬드 잔혹사》, 그레그 캠벨 지음, 김승욱 옮김, 작가정신, 2004.
《집으로 가는 길》, 이스마엘 베아 지음, 송은주 옮김, 북스코프, 2007.
〈블러드 다이아몬드〉, 에드워드 즈윅 감독, 레오나르도 디카프리오, 제니퍼 코넬리 출연.
〈울어라, 프리타운이여Cry Freetown〉, CNN 방영 다큐멘터리.

커피
《더 커피 북》, 니나 루팅거 외 지음, 이재경 옮김, 사랑플러스, 2010.
《커피의 정치학》, 다니엘 재피 지음, 박진희 옮김, 수북, 2010.
《매혹과 잔혹의 커피사》, 마크 펜더그라스트 지음, 정미나 옮김, 을유문화사, 2013.
《커피가 돌고 세계사가 돌고》, 우스이 류이치로 지음, 김수경 옮김, 북북서, 2008.

와인
《와인 스캔들》, 박찬일 지음, 넥서스, 2007.
《와인 특강》, 전상헌 지음, 예문, 2013.
《와인 정치학》, 타일러 콜만 지음, 김종돈 옮김, 책보세, 2009.

모피
《모피가축학》, 서경덕 외 지음, 선진문화사, 1989.
《동물의 권리와 복지》, 김진석 지음, 건국대학교출판부, 2005.
《힐 더 월드》, 국제아동돕기연합 지음, 문학동네, 2008.
《공정무역, 세상을 바꾸는 아름다운 거래》, 박창순 외 지음, 시대의창, 2010.
《인간의 얼굴을 한 시장경제, 공정무역》, 마일즈 리트비노프 외 지음, 김병순 옮김, 모티브북, 2007.
《공정무역, 시장이 이끄는 윤리적 소비》, 알렉스 니콜스 외 지음, 한국공정무역연합 옮김, 책보세, 2010.

참고사이트
동물자유연대 www.animals.or.kr
한국동물보호연합 www.kaap.or.kr

달콤한 제국
불쾌한 진실

SWEET EMPIRE AND
UNPLEASANT TRUTH

글·그림 김경일

초판 1쇄 발행 2015년 3월 9일

펴낸이 양소연
기획편집 함소연
디자인 하주연 이지선
마케팅 이광택
관리 유승호 김성은
인터넷사업부 백윤경 최지은

펴낸곳 함께읽는책
등록번호 제25100-2001-000043호
등록일자 2001년 11월 14일

주소 서울시 금천구 디지털로9길 68, 1104호(가산동, 대륭포스트타워 5차)
대표전화 1688-4604
팩스 02)2624-4240
홈페이지 www.cobook.co.kr
ISBN 978-89-97680-13-9(03300)

이 도서의 국립중앙도서관 출판예정도서목록(CIP)은 서지정보유통지원시스템 홈페이지
(http://seoji.nl.go.kr)와 국가자료공동목록시스템(http://www.nl.go.kr/kolisnet)에서 이용하실 수
있습니다. (CIP제어번호 : CIP2015001938)

함께읽는책은 도서출판 나무의집의 임프린트입니다.